LÄR DIG·
JAPANSKA
för nybörjare

LÄR DIG
Katakana

STUDIEGUIDE & SKRIVARÖVNINGAR

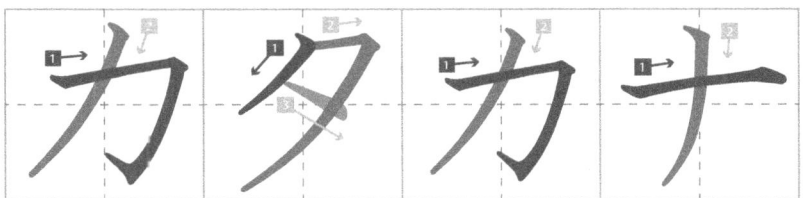

POLYSCHOLAR

www.polyscholar.com

INNEHÅLL

Tips: Den här boken fungerar bäst med gelpennor, blyertspennor, kulspetspennor och liknande skrivredskap. Var försiktig med tuschpennor och bläck, eftersom tjockt eller vått bläck kan tränga igenom pappret eller överföras till sidorna under. Här finns några testrutor där du kan prova hur bra dina pennor fungerar:

YTTERLIGARE JAPANSKA

Att lära sig att läsa, skriva och tala japanska är mycket enklare än det först kan verka. Katakana är det andra skriftsystemet vi lär oss, och det delar många regler med det första, Hiragana. Den här boken är utformad för att göra det enklare och snabbare att förstå och

Vi börjar med en kort översikt över det japanska språksystemet, ifall du inte redan har slutfört vår Learn Hiragana Workbook. Efter en snabb titt på de olika "alfabeten" (ja, det finns mer än ett!) går vi direkt vidare till att lära oss Katakana!

HUR DU ANVÄNDER DEN HÄR BOKEN

Precis som när man lär sig vilket språk som helst är upprepning ett av de snabbaste sätten att ta till sig kunskapen. Den andra delen av denna övningsbok innehåller många noggrant utformade instruktionssidor som hjälper dig att lära dig skriva varje tecken, med utrymme för att öva på dina japanska skrivfärdigheter:

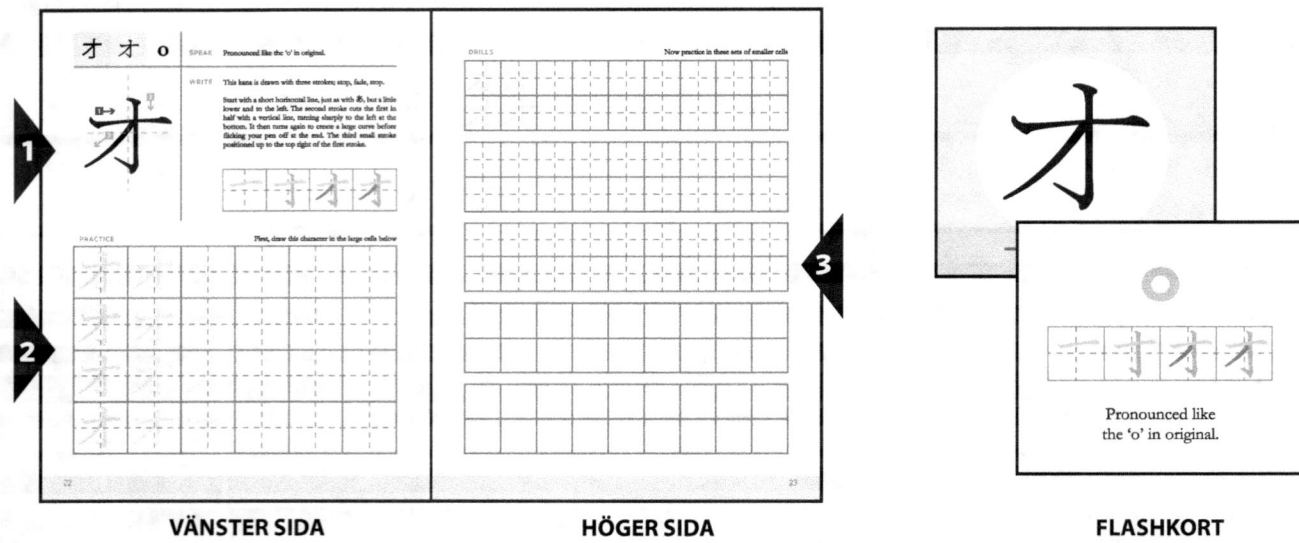

| VÄNSTER SIDA | HÖGER SIDA | FLASHKORT |

Den tredje delen av denna övningsbok innehåller extra rutnät som du kan använda efter att du har lärt dig att skriva några *(eller till och med alla)* av katakana. Dessa sidor kallas traditionellt Genkouyoushi *(eller* 原稿用紙 *på japanska),* vilket betyder "manuskriptpapper".

Den sista delen av denna övningsbok innehåller ett set med sidor i flashkortsformat som du antingen kan kopiera eller klippa ut. De är ett utmärkt sätt att hjälpa dig memorera symbolerna och testa dina kunskaper. Yngre elever bör be en vuxen om hjälp med att klippa ut dem!

JAPANSKA SKRIFTSYSTEM

När du lär dig japanska kommer du att stöta på fyra mycket olika typer av skriftsystem (eller alfabet). Även om detta kan låta komplicerat, kommer det snart att börja bli tydligare – särskilt eftersom du redan kommer att förstå ett av dem!

RŌMAJI ロマンジ

Bokstavligen betyder det "romerska bokstäver", och det är egentligen bara en representation av det japanska språket med bekanta engelska bokstäver. Det används endast för att översätta språket till en form som icke-japanska talare kan förstå. Det är inte särskilt vanligt i vardagligt bruk.

De andra tre skriftsystemen – Hiragana, Katakana och Kanji – används hela tiden och kombineras ofta för att bilda ord och meningar i vardagligt japanskt skrivande. Varje skriftsystem har sitt eget syfte, och tillsammans visar de vad ett ord betyder, var det kommer ifrån och hur det ska uttalas.

HIRAGANA ひらがな

あいうえおかきくけこ

Detta är det första skriftsystemet vi bör lära oss, och det består av enkla tecken med runda former. Till skillnad från det engelska alfabetet är det ett fonetiskt skriftsystem, där varje tecken representerar ett stavelseljud. Varje gång du ser ett specifikt tecken kommer du att veta hur det låter.

KATAKANA カタカナ

アイウエオカキクケコ

Detta är också ett enkelt fonetiskt skriftsystem. Katakana representerar samma stavelseljud som Hiragana, men används för ord som lånats från andra språk, till exempel utländska namn, modern teknik eller mat. Tecknen ser mer kantiga och spetsiga ut.

Översatt som "kinesiska tecken" är Kanji tecken lånade från det kinesiska språket. Till skillnad från de andra skriftsystemen, som representerar ljud, visar Kanji-symboler betydelseenheter, som hela ord eller en allmän idé om något.

年 本 月 生 米 前 合 事 社 京

Det finns bokstavligen tusentals Kanji, och nya skapas hela tiden, vilket gör dem till en ganska stor utmaning även för de mest avancerade språkkunniga. Det finns viss logik i hur de är uppbyggda, så så småningom kan du förstå eller gissa tecken som du inte har sett tidigare.

EN TITT PÅ KATAKANA

Precis som med Hiragana finns det 46 grundläggande Katakana-tecken som, till skillnad från engelska bokstäver, representerar olika talade ljud. Dessa ljud är desamma som i Hiragana och baseras på bara 5 "vokalljud". De har också motsvarande konsonantljud.

Katakana	ア	イ	ウ	エ	オ
Romaji	**a**	**i**	**u**	**e**	**o**
Uttal	'ah'	'ee'	'oo'	'eh'	'oh'

De fem vokalljuden

Den här boken visar dig hur du skriver alla grundläggande Katakana-tecken och hur extra ljud kan skapas genom att kombinera de grundläggande symbolerna. I slutet av boken kommer du att kunna skriva de tecken som täcker de flesta av de ljud du behöver för japanska.

De närmaste sidorna innehåller mycket information, men försök att inte låta det överväldiga dig. Utöver tabellen med grundläggande Katakana som du kommer att lära dig, kommer vi att gå igenom några av de grundläggande reglerna för att kombinera dessa symboler. Och sedan sätter vi penna på papper!

This chart shows the 46 basic Katakana with a *spelling* in Romaji for a similar phonetic sound. The vowel sounds are at the top and their counterpart versions with consonant sounds are shown below them. **note the exception 'n' - also, *wo is an uncommon kana.*

VOKALLJUD

	a	i	u	e	o
	ア a	イ i	ウ u	エ e	オ o
k	カ ka	キ ki	ク ku	ケ ke	コ ko
s	サ sa	シ shi	ス su	セ se	ソ so
t	タ ta	チ chi	ツ tsu	テ te	ト to
n	ナ na	ニ ni	ヌ nu	ネ ne	ノ no
h	ハ ha	ヒ hi	フ fu	ヘ he	ホ ho
m	マ ma	ミ mi	ム mu	メ me	モ mo
y	ヤ ya		ユ yu		ヨ yo
r	ラ ra	リ ri	ル ru	レ re	ロ ro
w	ワ wa		ン **n		ヲ *wo

KONSONANTER

DIAKRITISKA TECKENUGBO

Utöver de grundläggande Katakana finns här 25 diakritiska tecken. Dessa används för stavelser som låter likadant men uttalas med annan ton. Det är i princip samma grundläggande symboler, men med extra markeringar som visar att de ska uttalas med ett något förändrat ljud.

| Grundläggande | med Dakuten | med Handakuten |

Grundläggande Katakana med dessa små streck (Dakuten) eller en cirkel (Handakuten) ovanför visar att konsonantdelen av ljudet ska ändras när det uttalas:

- K-ljuden uttalas som g-ljud.
- S-ljuden ändras till z-ljud (med undantag för し).
- T-ljuden blir till d-ljud.
- H-ljuden blir till b-ljud med Dakuten
  ...eller p-ljud med Handakuten.

		a	i	u	e	o
k ▸ g		ガ ga	ギ gi	グ gu	ゲ ge	ゴ go
s ▸ z		ザ za	ジ ji	ズ zu	ゼ ze	ゾ zo
t ▸ d		ダ da	ヂ dzi (ji)	ヅ dzu	デ de	ド do
h ▸ b		バ ba	ビ bi	ブ bu	ベ be	ボ bo
h ▸ p		パ pa	ピ pi	プ pu	ペ pe	ポ po

DIGRAFER

Denna uppsättning symboler kallas digrafer – genom att använda två grundläggande tecken som vi redan har sett visar de var två stavelseljud kombineras för att skapa ett nytt ljud:

キ + ヤ = キャ
(ki)   (ya)   (kya)

När man skriver dessa tecken är det viktigt att det andra tecknet ritas märkbart mindre än det första. På så sätt kan vi se att de två ljuden ska kombineras.

Uttalet av dessa så kallade sammansatta Katakana-ljud är ganska enkelt – till exempel, キ (ki) + ヤ (ya) blir キャ (kya) och vi uttalar det som "kiya" utan ljudet för "i".

Låt inte tabellen nedan skrämma dig – alla digrafer skapas uteslutande med bokstäver från イ/i-kolumnen (utom sig själv) och de modifieras endast av bokstäver från Y-raden!

キャ kya	キュ kyu	キョ kyo	ギャ gya	ギュ gyu	ギョ gyo
シャ sha	シュ shu	ショ sho	ジャ ja	ジュ ju	ジョ jo
チャ cha	チュ chu	チョ cho	ニャ nya	ニュ nyu	ニョ nyo
ニャ hya	ヒュ hyu	ヒョ hyo	ビャ bya	ビュ byu	ビョ byo
ピャ pya	ピュ pyu	ピョ pyo	リヤ rya	リュ ryu	リョ ryo
ミャ mya	ミュ myu	ミョ myo			

DUBBLA KONSONANTER

Vissa japanska ord innehåller ett dubbelkonsonantljud. Precis som med Hiragana, när dessa ord skrivs i Katakana innehåller de ett extra tecken i form av ett litet ツ / tsu (kallas sokuon) för att visa att det ska uttalas annorlunda. Låt oss titta på ett exempel:

ペット

(pe ⟵ to)

petto

Utan det lilla ツ (tsu) har ordet ペト (peto) ingen betydelse, men ペット (petto), med sokuon, betyder husdjur – som en hamster eller katt!

Observera att det lilla ツ placeras före det tecken som det tar det extra konsonantljudet från. När du ser ord med denna modifierare läggs konsonantdelen av tecknet som följer (i det här exemplet 't' från 'to') till i slutet av ljudet innan det.

Båda konsonanterna måste höras separat när ordet uttalas, som att säga "pet-to", men utan att lämna ett hörbart mellanrum.

LÅNGA VOKALLJUD

Vi behöver också vara medvetna om förlängda vokalljud (t.ex. aa, ii, oo, ee och uu). När de uttalas förlänger vi helt enkelt ljudets längd (vanligtvis dubbelt), men när de skrivs i Katakana använder vi en linje ー (kallas 伸ばし棒, vilket bokstavligen betyder "förlängningsstreck").
Detta är ett sätt som Katakana skiljer sig från Hiragana, förutom i formen, eftersom Hiragana använder ett extra vokaltecken för att ange ett långt vokalljud. Låt oss titta på några exempel:

フ + リ = フリー

(fu) (ri)—   fu-rii *(free)*

ケ + キ = ケーキ

(ke)— (ki)   kee-ki *(cake)*

Det är värt att notera att "förlängningsstrecket" roteras till en vertikal linje när texten skrivs vertikalt.

SKRIVRIKTNING

Traditionellt arrangerades japansk text i vertikala kolumner och skrevs/lästs en kolumn i taget, uppifrån och ner, med start från höger sida av sidan. Sedan slutet av andra världskriget används den mer bekanta horisontella orienteringen – läses från vänster till höger, precis som på engelska. Detta gäller för alla de olika skriftsystemen.

Texten i dessa exempel är identisk, förutom läs- och skrivriktningen:

1. 私は犬を飼っています。
彼女は行儀が良い。
彼らは寝るのが好きです。
多くの場合、一日中。
多分彼女は怠け者です。
2.

Tategaki
縦書き
('vertikal skrift')

1.
2. 私は犬を飼っています。
彼女は行儀が良い。
彼らは寝るのが好きです。
多くの場合、一日中。
多分彼女は怠け者です。

Yokogaki
横書き
('horisontellt skrivande')

Båda dessa stilar accepteras och väljs ofta beroende på dokumentets layout och design. Generellt används vertikala layouter för traditionella texter, medan horisontell text förekommer i mer moderna, officiella dokument eller skrifter. En sak att komma ihåg är att böcker med tategaki (vertikal skrivstil) binds på motsatt sätt jämfört med engelska böcker, så man börjar faktiskt läsa dem från baksidan till framsidan!

UTTAL

Att lära sig uttala japanska korrekt börjar med Hiragana och fortsätter med Katakana, eftersom båda skriftsystemen representerar samma ljud när de uttalas. Det är viktigt att öva redan i detta tidiga skede om du vill utveckla en naturlig och infödd-liknande accent.

Observera: Denna arbetsbok innehåller en mycket grundläggande introduktion till japanskt uttal, eftersom detta lärs ut mest effektivt med ljud. Varje övningssida använder ett engelskt ord eller stavelse med liknande ljud för att beskriva ljuden. Det är bra övning att upprepa dem högt medan du arbetar dig igenom boken.

STRECK OCH LINJER

Japanska skriftsystem skrivs traditionellt med pensel och har ett bläckigt, målat utseende. ven om vi nu använder moderna pennor är det viktigt att vi lär oss att skriva på traditionellt sätt, with the same movements and strokes. med samma rörelser och streck. Praktiskt nog innehåller Katakana オ (eller "o") alla tre typer av streck – vi har namngivit dem baserat på hur de skapas och ser ut:

| Stoppstreck | Hoppfade | Fade-streck |

"Stoppstrecket" är precis som det låter, där du avslutar linjen helt innan du lyfter pennan. "Hoppfade" skapas med ett snabbt ryck av pennan från pappret i slutet av strecket. "Fade-strecket" görs genom att du lyfter pennaitasn mer försiktigt från pappret medan handen fortfarande är i rörelse. Du kan föreställa dig hur linjen blir tunnare och tonar ut om du gradvis lyfter en tjockare borstspets från sidan.

Jämfört med Hiragana, med deras runda och böjda former, r Katakana med fler "stopp" och "fade" strokes with far fewer "jump fade" marks.

SKRIVSTILAR

Den här boken kommer att lära dig hur du skriver Katakana med standardrörelser baserade på borstade utseenden, men du kommer att stöta på andra stilar när du lär dig:

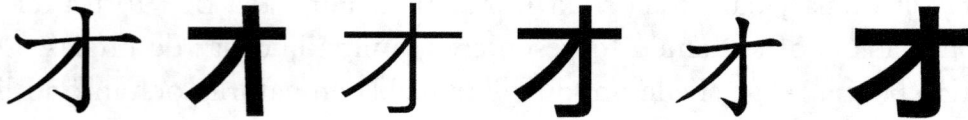

Dessa tecken har alla samma betydelse men ser lite olika ut eftersom de kan skapas för hand, med pennor eller blyertspennor, eller visas som ett modernt digitalt typsnitt på skärm eller i tryck. Även om utseendet förändras något, förblir betydelsen densamma.

Del 2

LÄR DIG
SKRIVA
KATAKANA

ア ア **a**

LÄR DIG   Denna kana ritas med två utdragna penseldrag.

Det första penseldraget börjar som en horisontell linje från vänster och gör sedan en skarp sväng inåt och ned mot mitten. Börja det andra penseldraget vid slutet av det första och låt pennan böja sig nedåt och åt vänster. Det andra penseldraget tonas ut när det närmar sig den nedre vänstra delen av rutan.

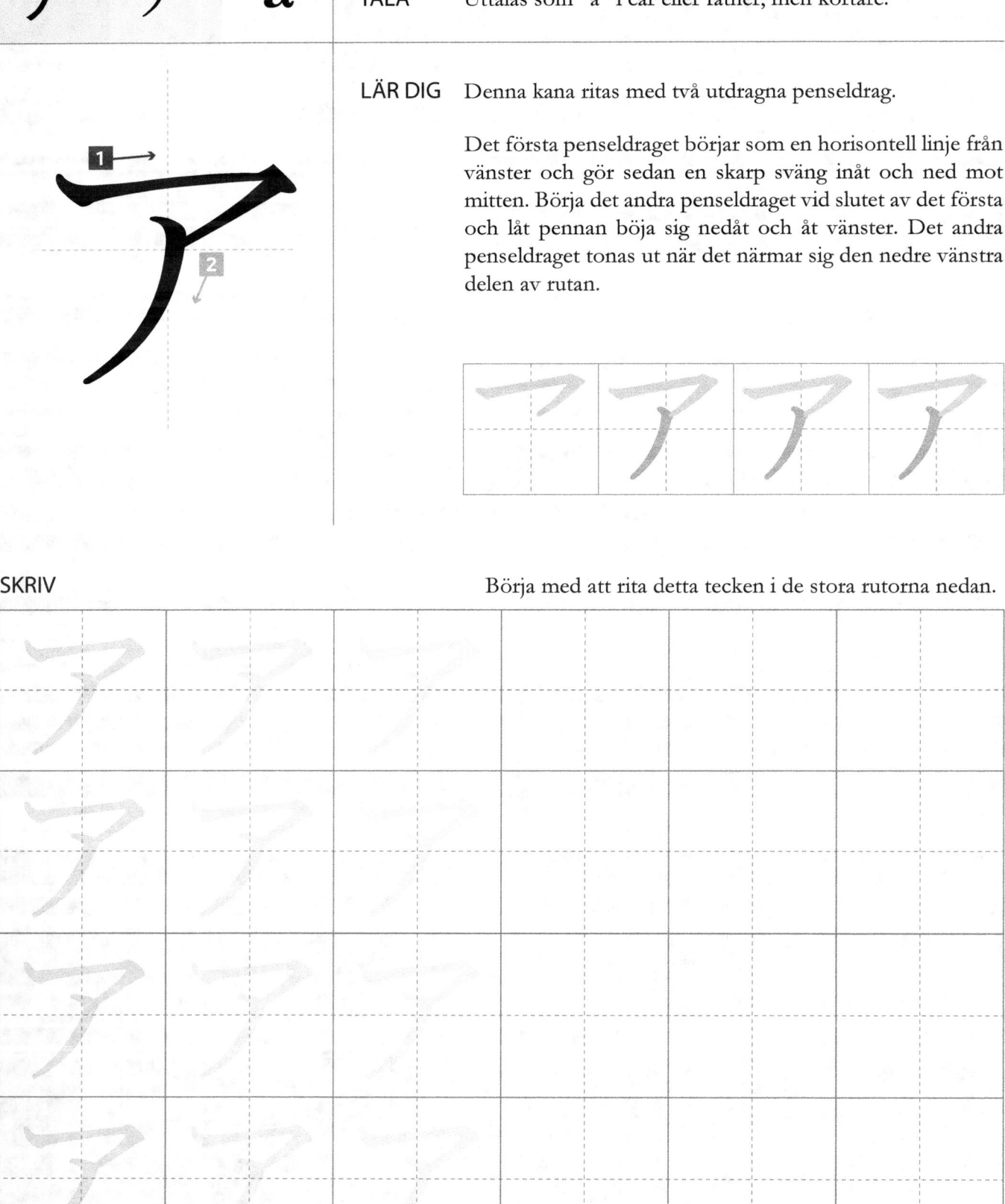

SKRIV   Börja med att rita detta tecken i de stora rutorna nedan.

ÖVA

イ イ i

TALA Uttalas som ”ee” i eel.

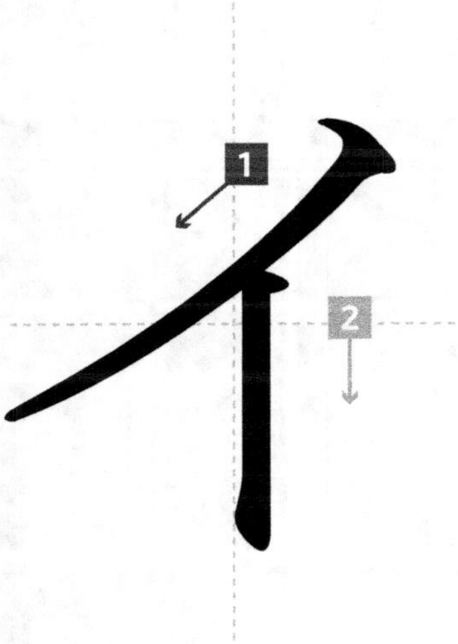

LÄR DIG Denna kana ritas med två penseldrag: ett utdraget (fade) och ett som avslutas tvärt.

Det första strecket är en lätt böjd diagonal linje som börjar högt uppe till höger i rutan och tonas ut nere till vänster. Det nästa strecket börjar ungefär i mitten av det första, strax till höger om mitten, och går rakt ned till ett stopp nära nederkanten.

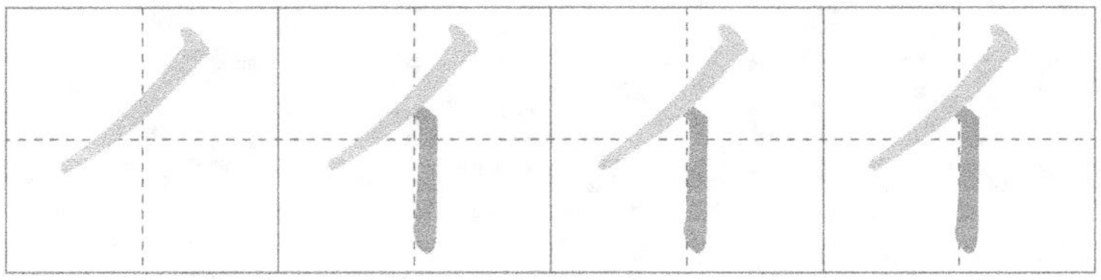

SKRIVA Börja med att rita detta tecken i de stora rutorna nedan.

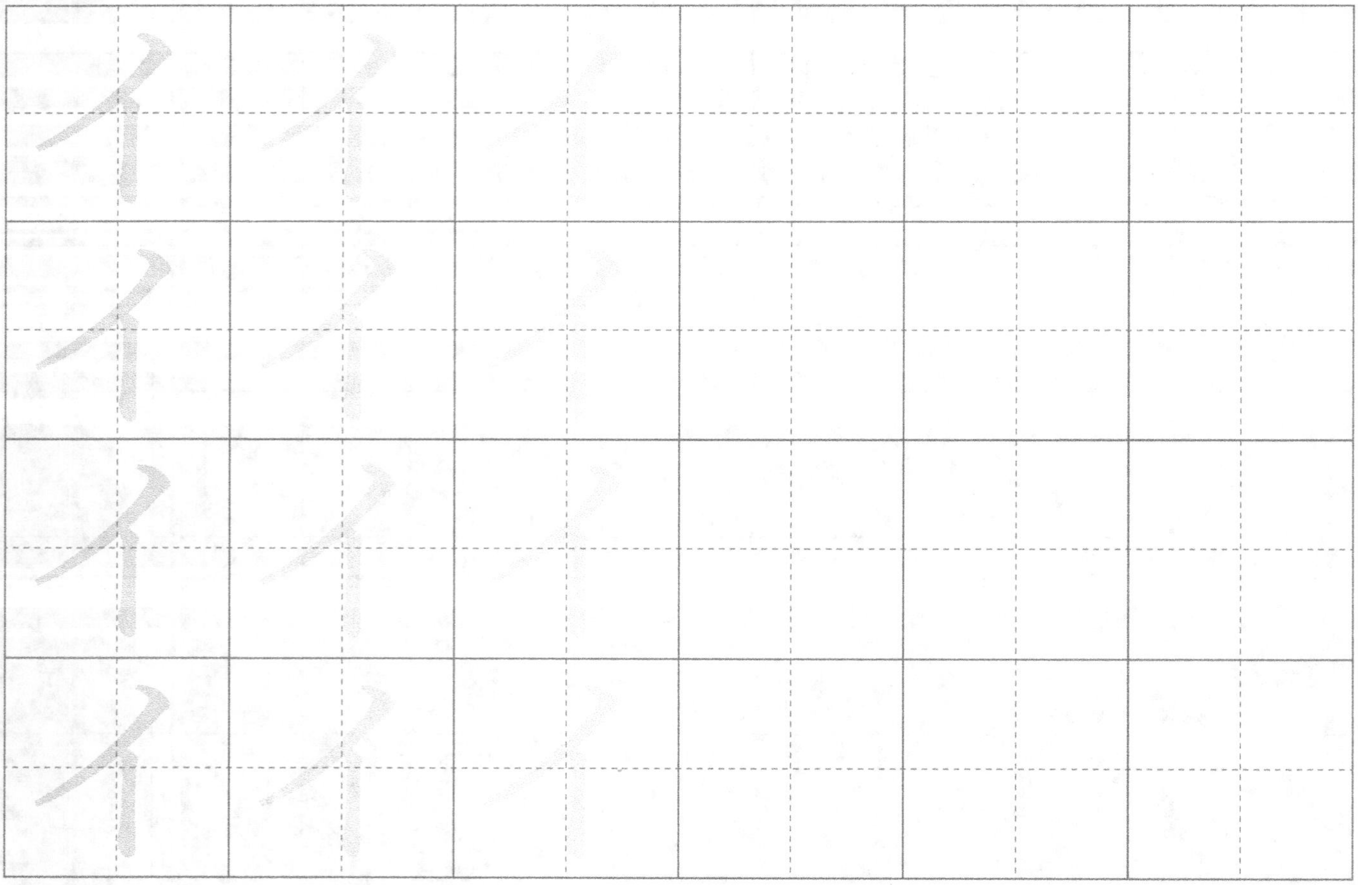

Öva nu i dessa uppsättningar av mindre rutor.

ウ ウ u

TALA   Uttalas som "oo" i zoo.

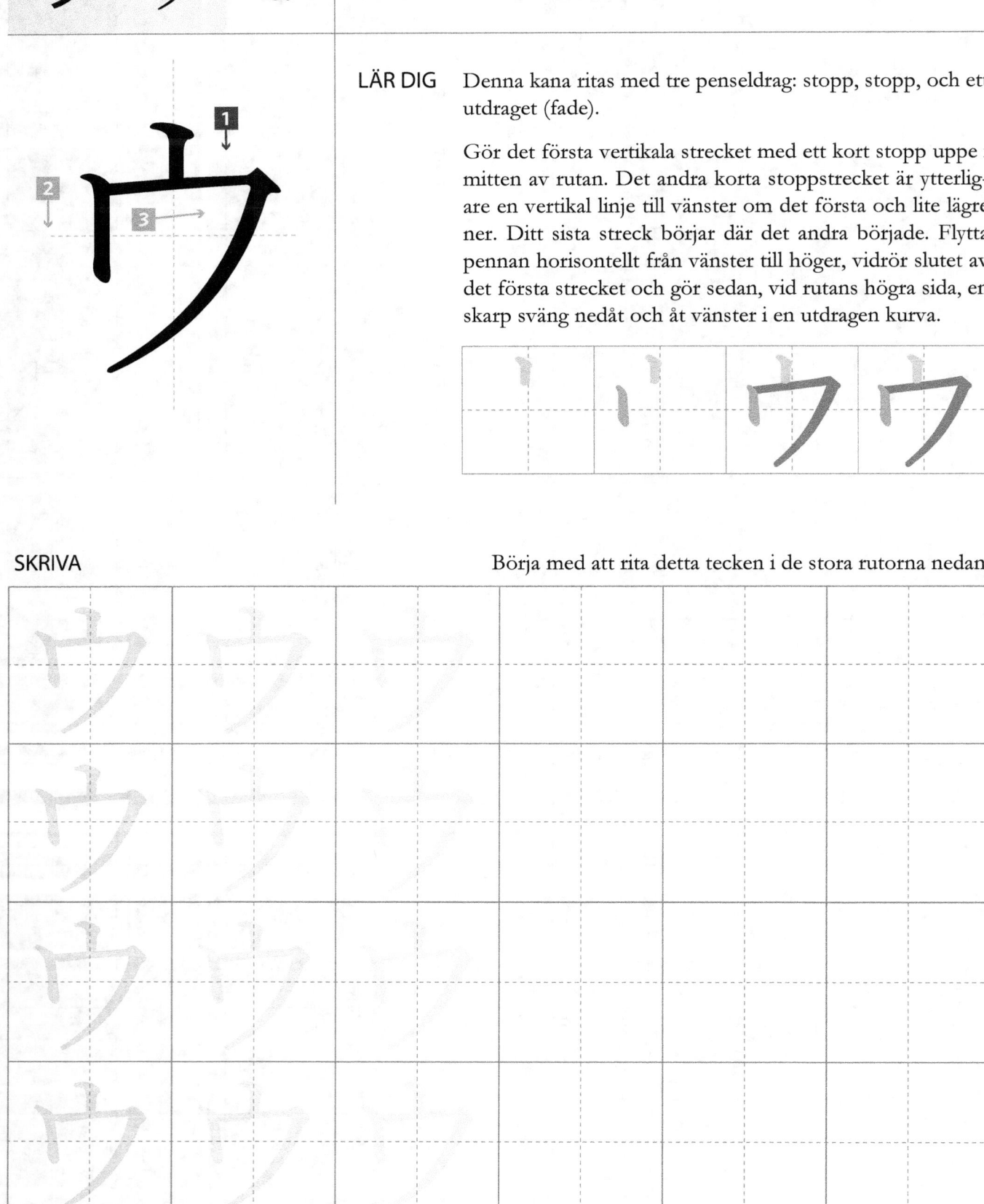

LÄR DIG   Denna kana ritas med tre penseldrag: stopp, stopp, och ett utdraget (fade).

Gör det första vertikala strecket med ett kort stopp uppe i mitten av rutan. Det andra korta stoppstrecket är ytterligare en vertikal linje till vänster om det första och lite lägre ner. Ditt sista streck börjar där det andra började. Flytta pennan horisontellt från vänster till höger, vidrör slutet av det första strecket och gör sedan, vid rutans högra sida, en skarp sväng nedåt och åt vänster i en utdragen kurva.

SKRIVA   Börja med att rita detta tecken i de stora rutorna nedan.

Öva nu i dessa uppsättningar av mindre rutor.

工　エ　**e**

　Uttalas som "eh", som "e" i men.

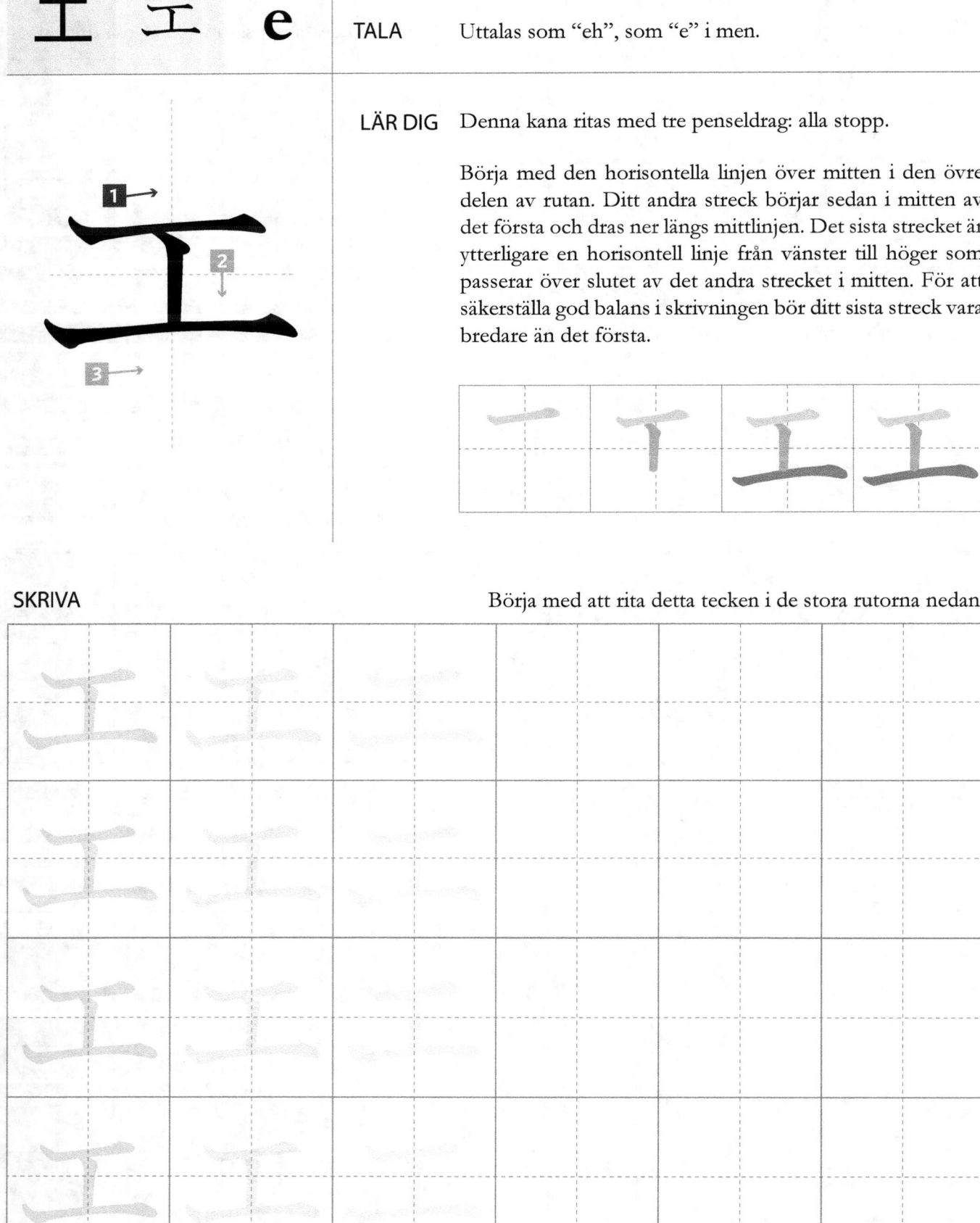

LÄR DIG　Denna kana ritas med tre penseldrag: alla stopp.

Börja med den horisontella linjen över mitten i den övre delen av rutan. Ditt andra streck börjar sedan i mitten av det första och dras ner längs mittlinjen. Det sista strecket är ytterligare en horisontell linje från vänster till höger som passerar över slutet av det andra strecket i mitten. För att säkerställa god balans i skrivningen bör ditt sista streck vara bredare än det första.

SKRIVA　Börja med att rita detta tecken i de stora rutorna nedan.

ÖVA

 **o**

Uttalas som "o" i "original".

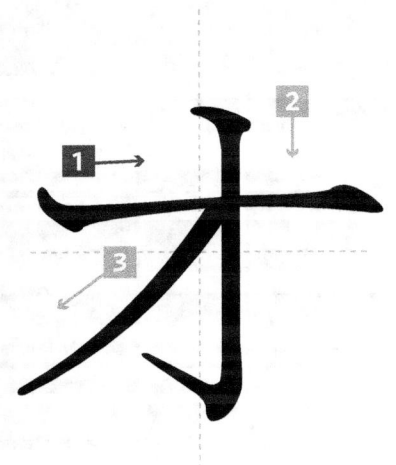

LÄR DIG Detta kana har tre streck: stopp, hoppfade och fade.

Börja med att rita en lång horisontell linje från vänster till höger. Ditt andra streck är en vertikal linje som skär det första ungefär en tredjedel in från högra sidan. Avsluta det andra strecket genom att snärta pennan från pappret (detta kallas hane). Det sista strecket börjar vid skärningspunkten mellan streck 1 och 2, och böjer sig nedåt åt vänster med en fade – det ska inte gå längre ner än det andra strecket.

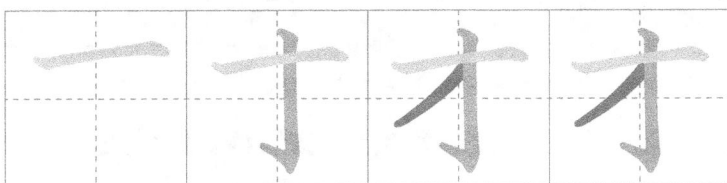

SKRIVA Börja med att rita detta tecken i de stora rutorna nedan.

Öva nu i dessa uppsättningar av mindre rutor.

カ カ **ka**

Uttalas som "ka", ungefär som "car" fast utan "r"-ljudet.

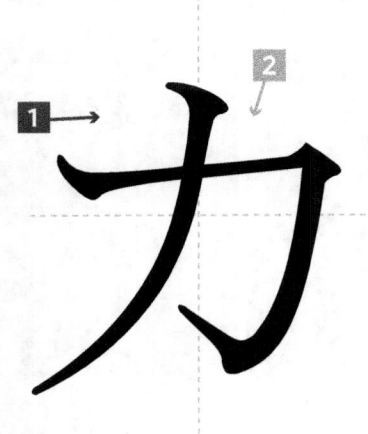

LÄR DIG Denna kana ritas med två streck: hoppfade, stopp.

Detta är en kantig version av hiragana か och börjar med en lätt lutande horisontell linje som svänger brant nedåt. Den nedåtgående delen ska ha en svag böj bakåt och diagonalt åt vänster. Avsluta detta streck med en hane genom att snabbt snärta pennan från pappret. Ditt andra streck är en diagonal linje nedåt, med en böj åt vänster och uppåt.

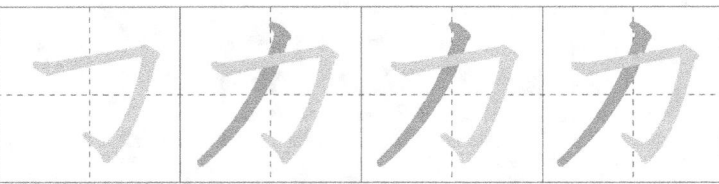

SKRIVA Börja med att rita detta tecken i de stora rutorna nedan.

ÖVA

 **ki**

Uttalas som "ki", ungefär som "key"

LÄR DIG Ritas med tre streck: stopp, stopp och stopp.

Du kommer att märka att denna Katakana också är mycket lik motsvarande Hiragana – streck 1 och 2 är parallella diagonala linjer från vänster till höger, uppåt, där det andra strecket är något längre än det första. Ditt sista streck är helt enkelt en annan rak diagonal linje, från övre vänstra hörnet till nedre högra hörnet. Den bör ungefär gå genom mitten av dina första två streck.

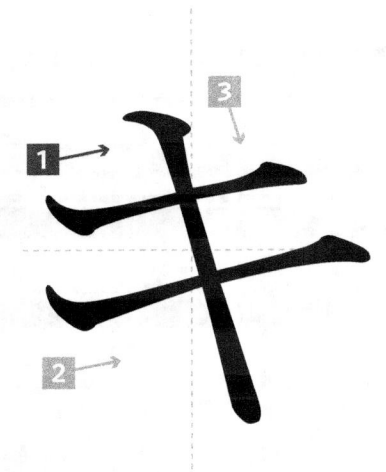

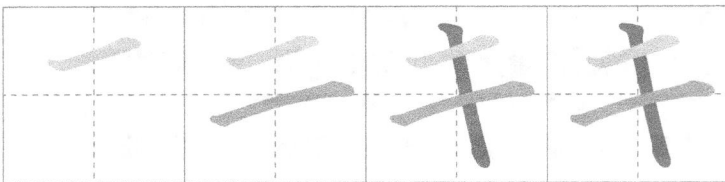

SKRIVA Börja med att rita detta tecken i de stora rutorna nedan.

ÖVA

ク ク ku

TALA Uttalas som "koo", ungefär som i ordet cuckoo.

LÄR DIG Denna kana ritas med två streck; båda är fade-streck.l;

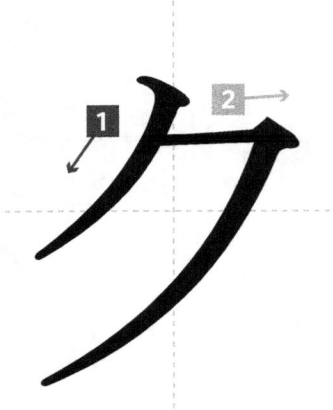

Börja med den första böjda diagonala linjen från övre mitten, nedåt och åt vänster. Starta ditt andra streck ungefär på samma ställe som det första. Det börjar med ett mycket kortare horisontellt streck än tidigare kana, innan det svänger brant och övergår i en mycket längre diagonal kurva nedåt och åt vänster. Öva på att få de två diagonala delarna att löpa parallellt med varandra för ett extra snyggt skrivande!

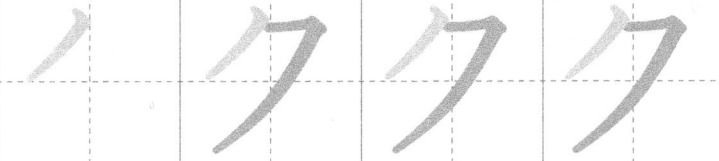

SKRIVA Börja med att rita detta tecken i de stora rutorna nedan.

ÖVA

ケ ケ **ke**

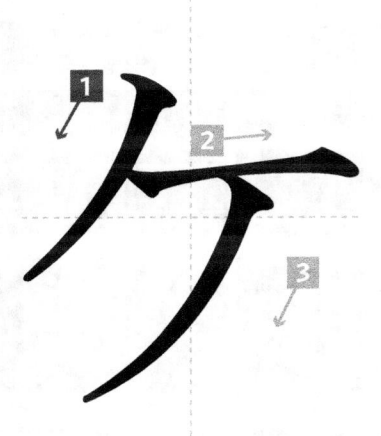

LÄR DIG   Denna kana har tre streck: fade, stopp, fade.

Börja på liknande sätt som den tidigare Katakana ク, rita den första diagonala linjen och avsluta med ett fade genom att minska trycket och försiktigt lyfta pennan. Det andra strecket börjar från mitten av din första linje den här gången, och är bara en längre horisontell linje som stoppas. Börja det tredje strecket vid mitten av den andra linjen och för pennan i en kurva nedåt och åt vänster med ett fade – parallellt med det första strecket.

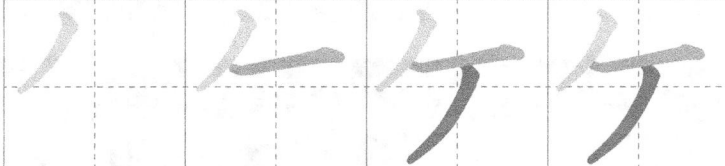

SKRIVA   Börja med att rita detta tecken i de stora rutorna nedan.

Öva nu i dessa uppsättningar av mindre rutor.

コ　コ　ko

LÄR DIG　Denna kana ritas med två streck: båda är stoppstreck.

Det första strecket är en horisontell linje som avslutas och svänger nedåt ganska brant. Ditt andra streck är ytterligare ett horisontellt streck från vänster och bör möta slutet av ditt första streck med ett stopp. De två horisontella delarna bör vara parallella och lika långa.

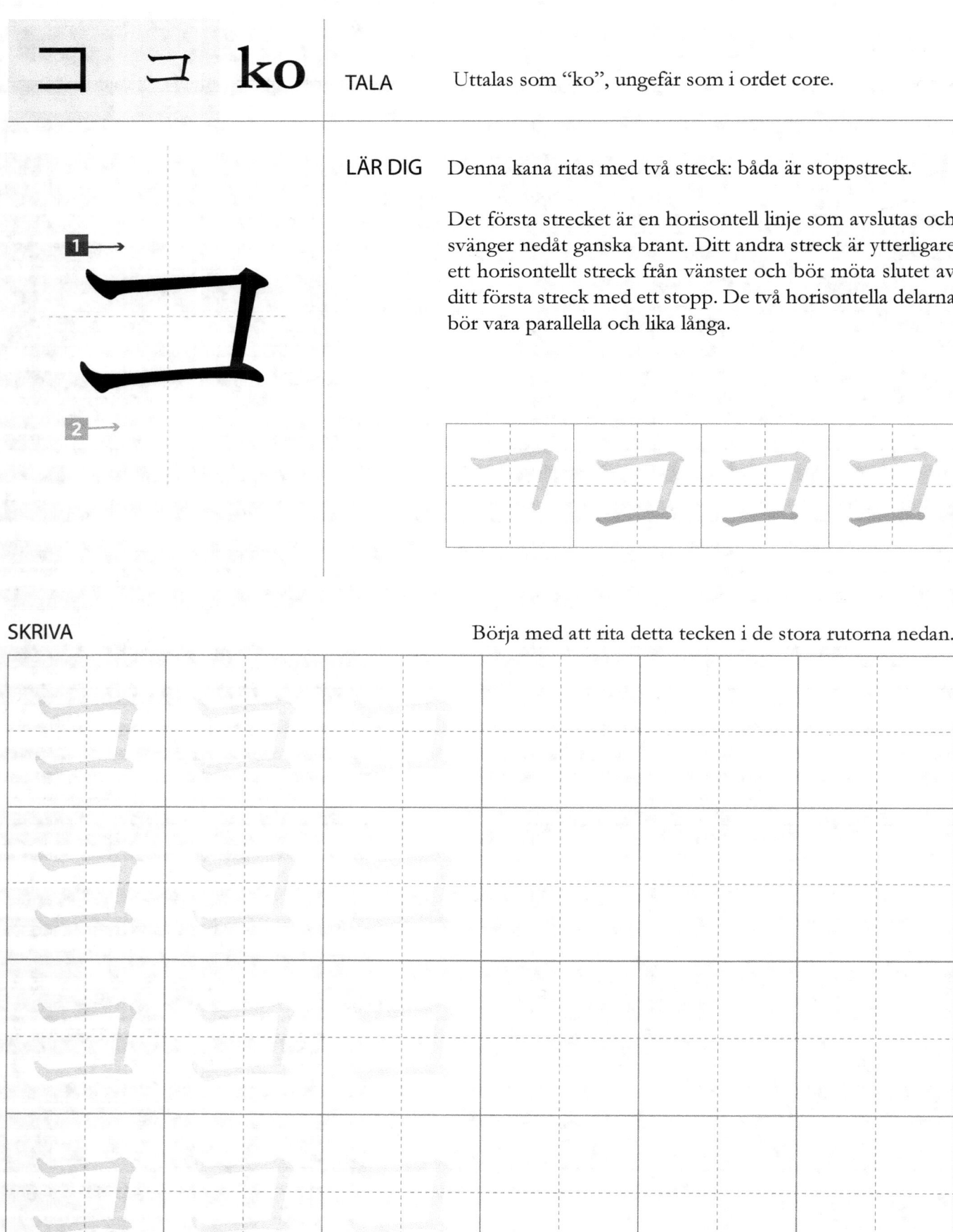

SKRIVA　Börja med att rita detta tecken i de stora rutorna nedan.

ÖVA

サ サ **sa**

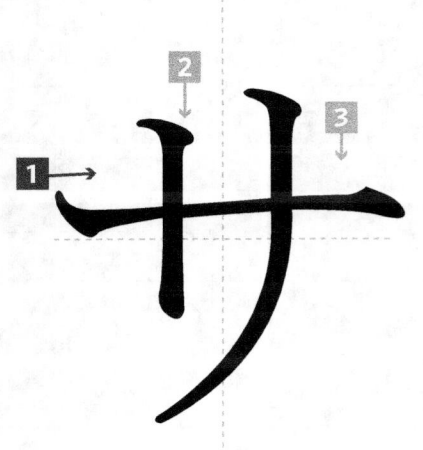

LÄR DIG Denna kana ritas med tre streck: stopp, stopp, fade.

Börja denna kana med en lång horisontell linje. Ditt andra streck skär genom den första linjen ungefär en tredjedel från vänster och ritas rakt ned till ett stopp. Det tredje strecket är en längre böjd linje som skär genom den första linjen, ungefär en tredjedel av längden från höger. Den börjar som en vertikal linje före korsningen men böjer åt vänster efter att ha gått ner genom det första strecket.

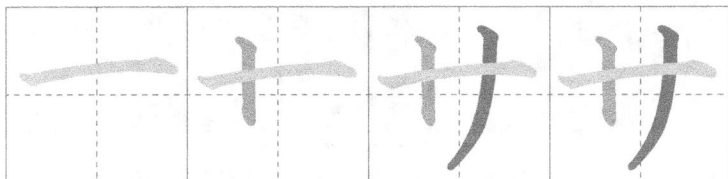

SKRIVA

Börja med att rita detta tecken i de stora rutorna nedan.

34

Öva nu i dessa uppsättningar av mindre rutor.

 **shi**

Uttalas som 'shi' i ordet 'shiny'.

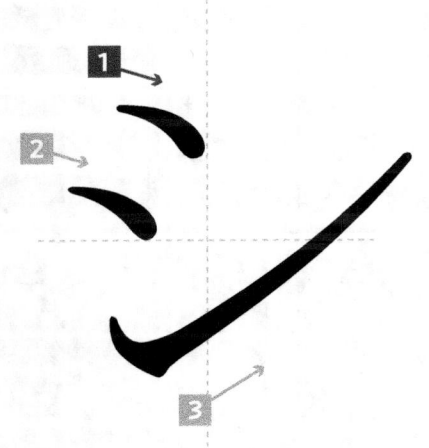

LÄR DIG Rita denna kana med tre streck: stopp, stopp, fade.

Både det första och det andra strecket är korta stoppstreck, gjorda parallellt och i en svag nedåtlutning. Ditt tredje streck börjar i det nedre vänstra området, under de första strecken, och böjer uppåt och åt höger. Du bör vara särskilt uppmärksam på avståndet mellan de tre strecken och var de börjar. Vi kommer att se några mycket liknande tecken längre fram.

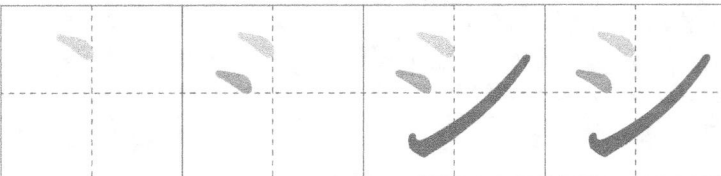

SKRIVA Börja med att rita detta tecken i de stora rutorna nedan.

ス ス **su**

Uttalas som "su", ungefär som i ordet super.

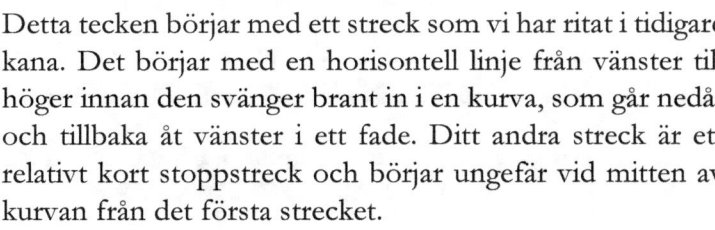

LÄR DIG Denna ritas med två streck: ett långt fade och ett stoppstreck.

Detta tecken börjar med ett streck som vi har ritat i tidigare kana. Det börjar med en horisontell linje från vänster till höger innan den svänger brant in i en kurva, som går nedåt och tillbaka åt vänster i ett fade. Ditt andra streck är ett relativt kort stoppstreck och börjar ungefär vid mitten av kurvan från det första strecket.

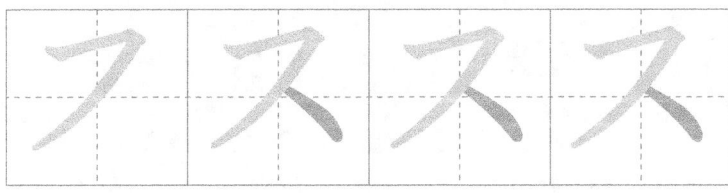

SKRIVA   Börja med att rita detta tecken i de stora rutorna nedan.

ÖVA

Öva nu i dessa uppsättningar av mindre rutor.

セ セ se

TALA Uttalas som "se", ungefär som "say" men med mindre

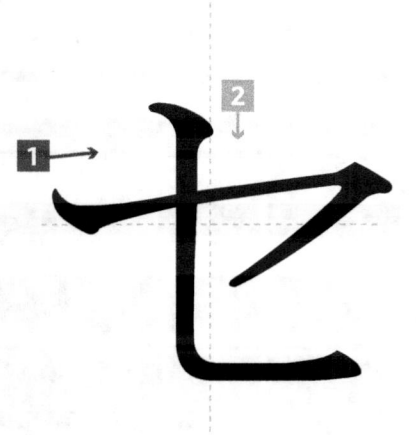

LÄR DIG Denna kana ritas med två streck: ett fade och ett stopps-treck.

Börja det första strecket med en relativt lång, lutande linje från vänster till höger. När du närmar dig höger sida svänger det in i ett kort fade nedåt och åt vänster – men inte lika brant som i andra kana. Ditt andra streck börjar som en rak vertikal linje, dragen från toppen och sveps sedan försiktigt åt höger nära cellens nederkant.

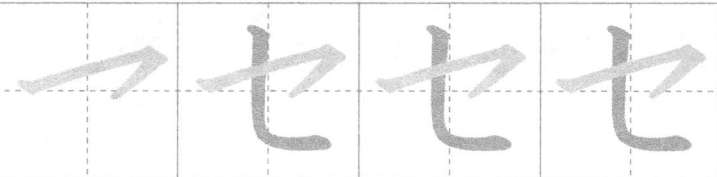

SKRIVA Börja med att rita detta tecken i de stora rutorna nedan.

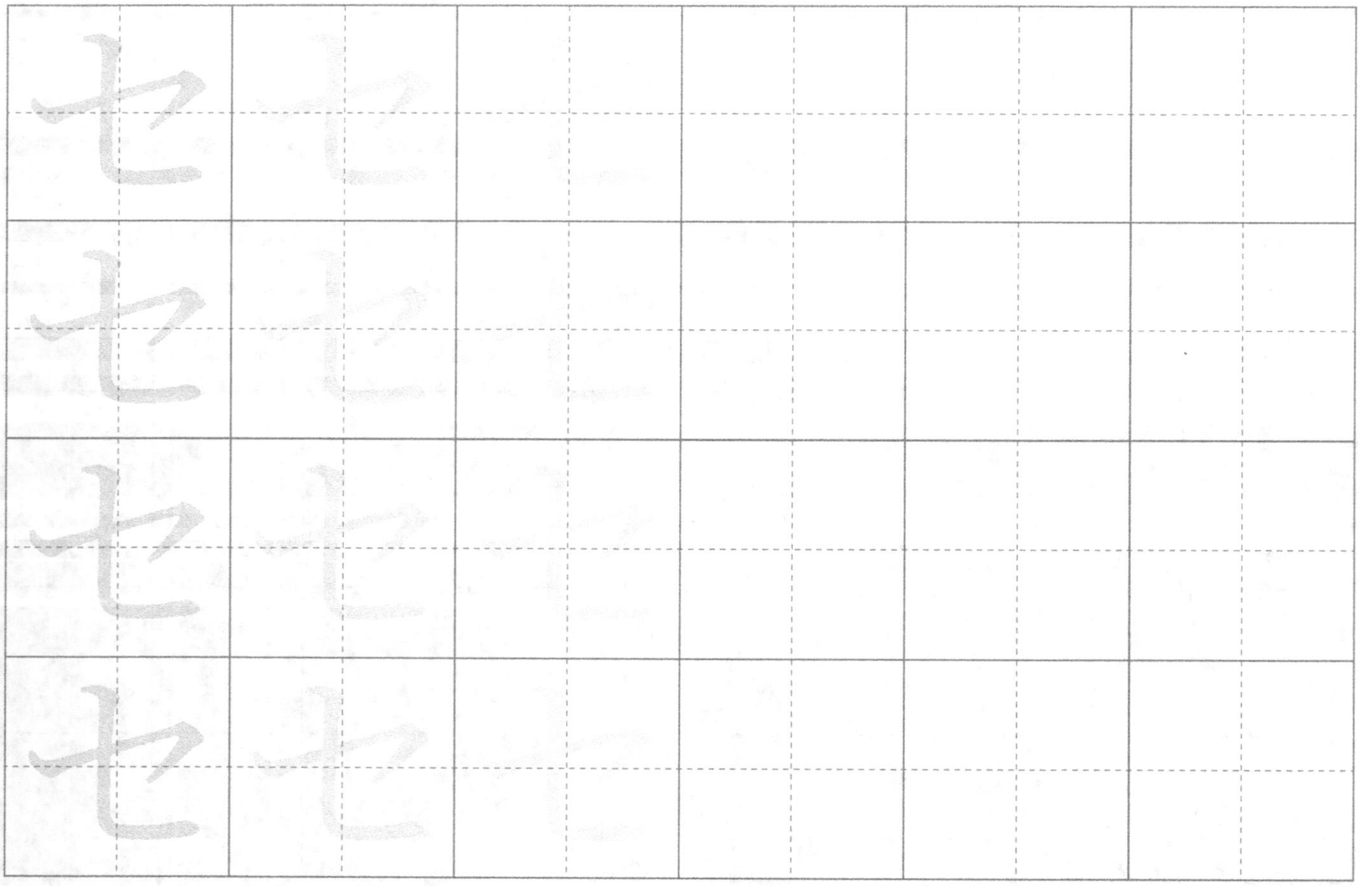

ÖVA

Öva nu i dessa uppsättningar av mindre rutor.

ソ ソ ソ　so

TALA Uttalas som "so", ungefär som i ordet soy.

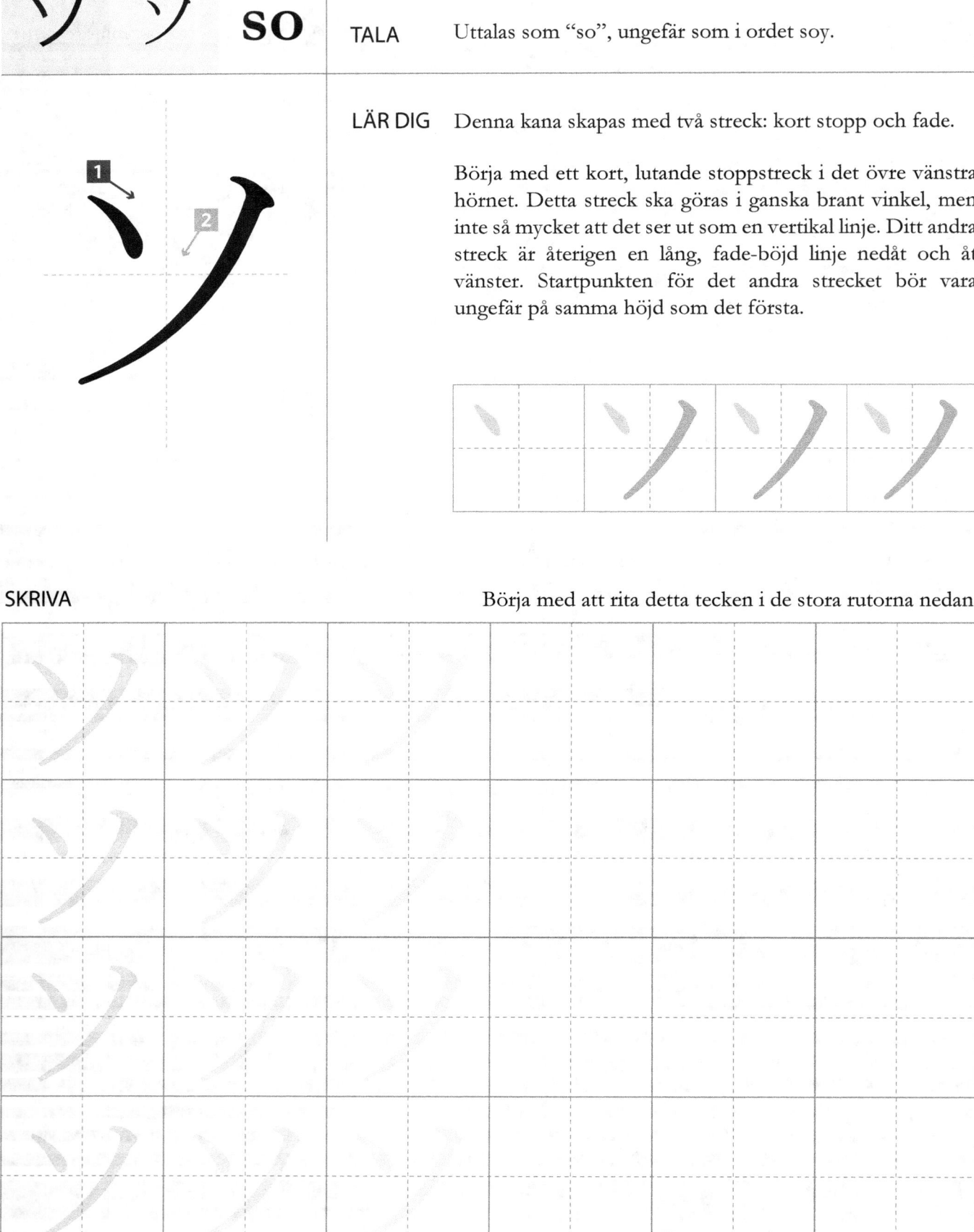

LÄR DIG Denna kana skapas med två streck: kort stopp och fade.

Börja med ett kort, lutande stoppstreck i det övre vänstra hörnet. Detta streck ska göras i ganska brant vinkel, men inte så mycket att det ser ut som en vertikal linje. Ditt andra streck är återigen en lång, fade-böjd linje nedåt och åt vänster. Startpunkten för det andra strecket bör vara ungefär på samma höjd som det första.

SKRIVA

Börja med att rita detta tecken i de stora rutorna nedan.

ÖVA

Öva nu i dessa uppsättningar av mindre rutor.

タ　タ　**ta**

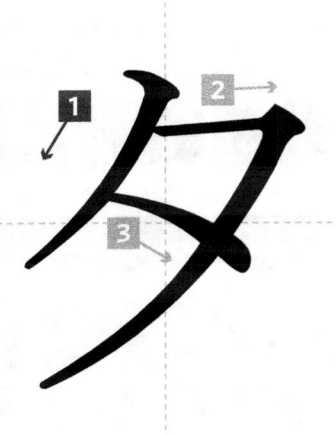

LÄR DIG　Denna kana ritas med tre streck: fade, fade, stopp.

Ett annat kana med några nu bekanta former. På liknande sätt som ク och ケ är ditt första streck en fade-diagonal kurva från övre mitten till nedre vänster. Det andra strecket börjar med en horisontell linje från samma startpunkt som det första, som böjer nedåt åt vänster. Ditt sista streck är en kort diagonal linje från mitten av det första strecket. Det skär igenom mitten av det andra strecket.

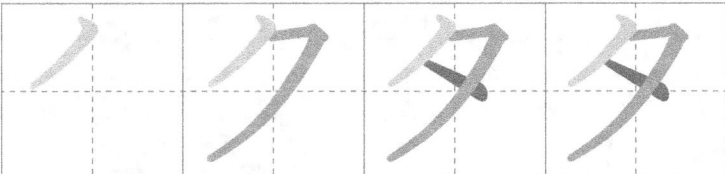

SKRIVA

Börja med att rita detta tecken i de stora rutorna nedan..

Öva nu i dessa uppsättningar av mindre rutor.

チ チ **chi**

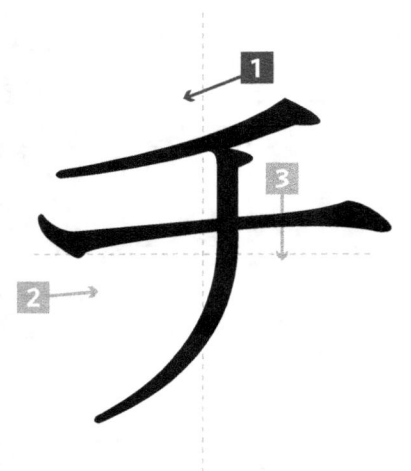

LÄR DIG   Denna kana ritas med tre streck: fade, stopp, fade.

Ditt första streck är en svag, fade-böjd kurva från övre höger och nedåt något åt vänster. Streck nummer 2 är en lång horisontell linje med stopp. Ditt tredje streck bör börja i mitten av den första kurvan och korsa det andra strecket innan det böjer nedåt och åt vänster. Se till att ditt andra streck är bredare än det första strecket på båda sidor!

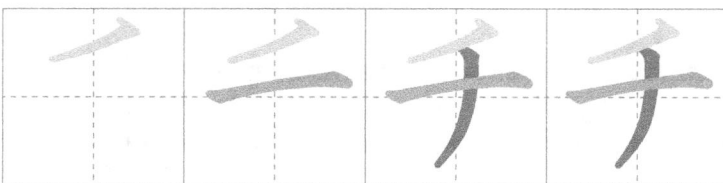

SKRIVA

Börja med att rita detta tecken i de stora rutorna nedan.

Öva nu i dessa uppsättningar av mindre rutor.

 **tsu**

Uttalas precis som "tsu" i tsunami, med ett tyst "t".

LÄR DIG Denna kana har tre streck: två stopp och ett fade.

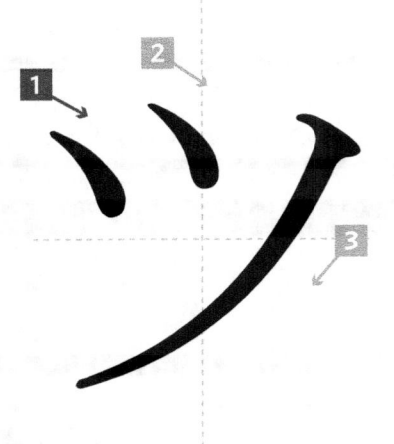

Detta tecken liknar Katakana シ, och de första två strecken görs återigen som två parallella, lutande linjer. Ditt tredje streck är en svepande, fade-böjd linje nedåt åt vänster från övre högra hörnet. Av samma anledning bör du vara noga med avståndet mellan startpunkterna för varje streck.

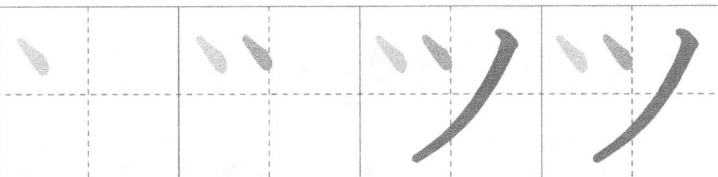

SKRIVA Börja med att rita detta tecken i de stora rutorna nedan.

Öva nu i dessa uppsättningar av mindre rutor.

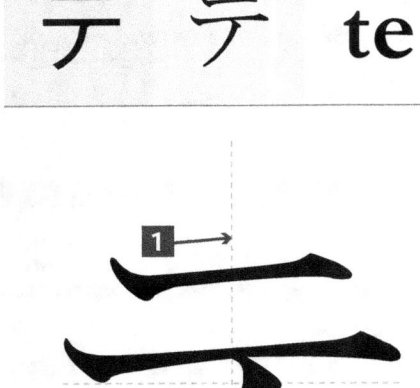 **te**

LÄR DIG   Denna kana ritas med tre streck: stopp, stopp, fade.

Detta kana börjar med två parallella stoppstreck som bildar horisontella linjer från vänster till höger. Se till att den andra linjen är längre än den första. Ditt tredje streck är en kortare, böjd diagonal linje nedåt och åt vänster. Den börjar vid mitten av ditt andra streck.

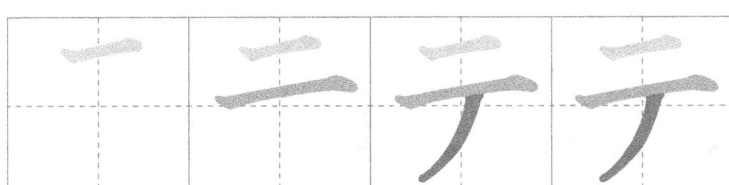

SKRIVA

Börja med att rita detta tecken i de stora rutorna nedan.

ÖVA

ト　ト　**to**

LÄR DIG　Denna kana skapas med två streck: stopp, stopp.

Rita en lång vertikal linje som börjar nära toppen av cellen, något till vänster om mitten, och avsluta med ett stopp nära botten av cellen. Ditt andra streck är ett mycket kortare stoppstreck som börjar ovanför mitten av cellen och går nedåt och åt höger i en diagonal riktning.

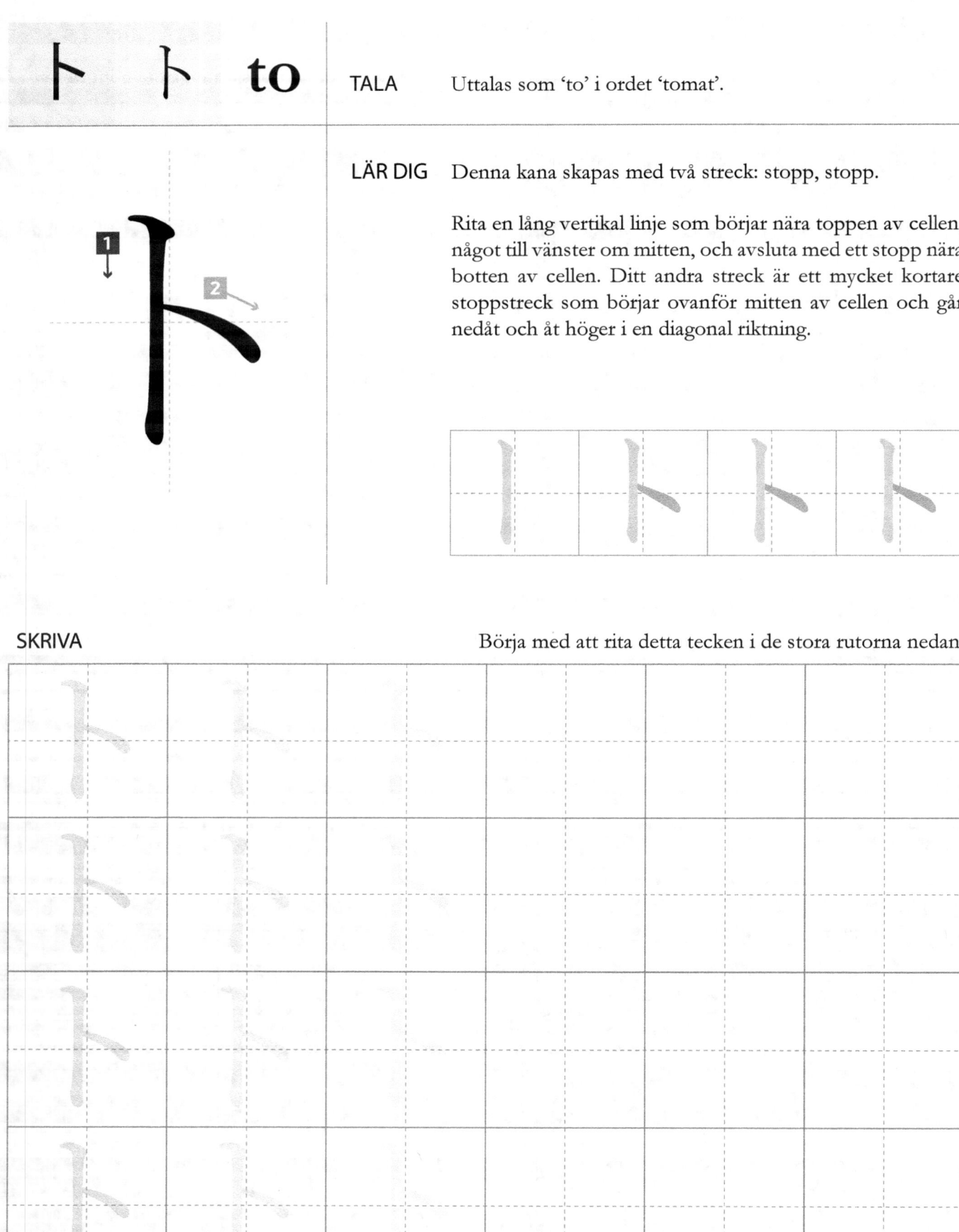

SKRIVA　　　　　　　　　　　Börja med att rita detta tecken i de stora rutorna nedan.

ÖVA

ナ ナ **na**

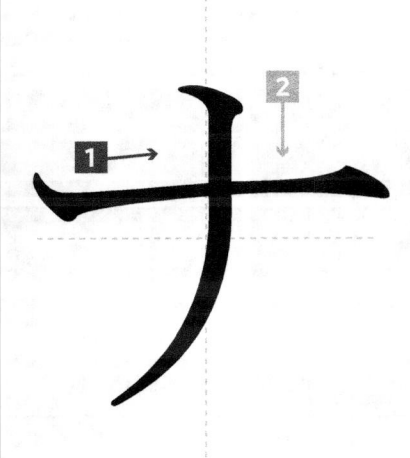

LÄR DIG Denna kana har två streck: ett stopp och ett fade.

Börja med ett relativt långt horisontellt stoppstreck ovan-
för mittlinjen. Det andra strecket börjar nära toppen, i
mitten, och dras nedåt genom det första strecket. Det
börjar som en vertikal linje och böjer utåt till cellens nedre
vänstra del efter korsningen.

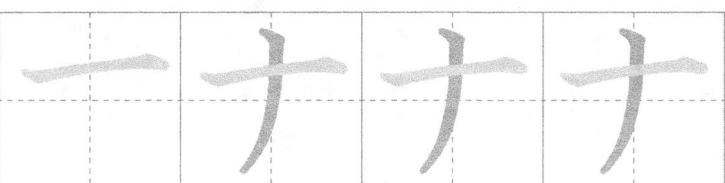

SKRIVA   Börja med att rita detta tecken i de stora rutorna nedan.

54

Öva nu i dessa uppsättningar av mindre rutor.

二 ニ **ni**

TALA Uttalas som "ni", ungefär som i needle, men kortare.

LÄR DIG Denna kana har två streck; båda är stoppstreck.

Som ett av de enklare Katakana-tecknen ritar vi 二 med två parallella linjer. Båda går horisontellt från vänster till höger med en liten lutning. Ditt andra streck bör vara längre än det första och sträcka sig på båda sidor.

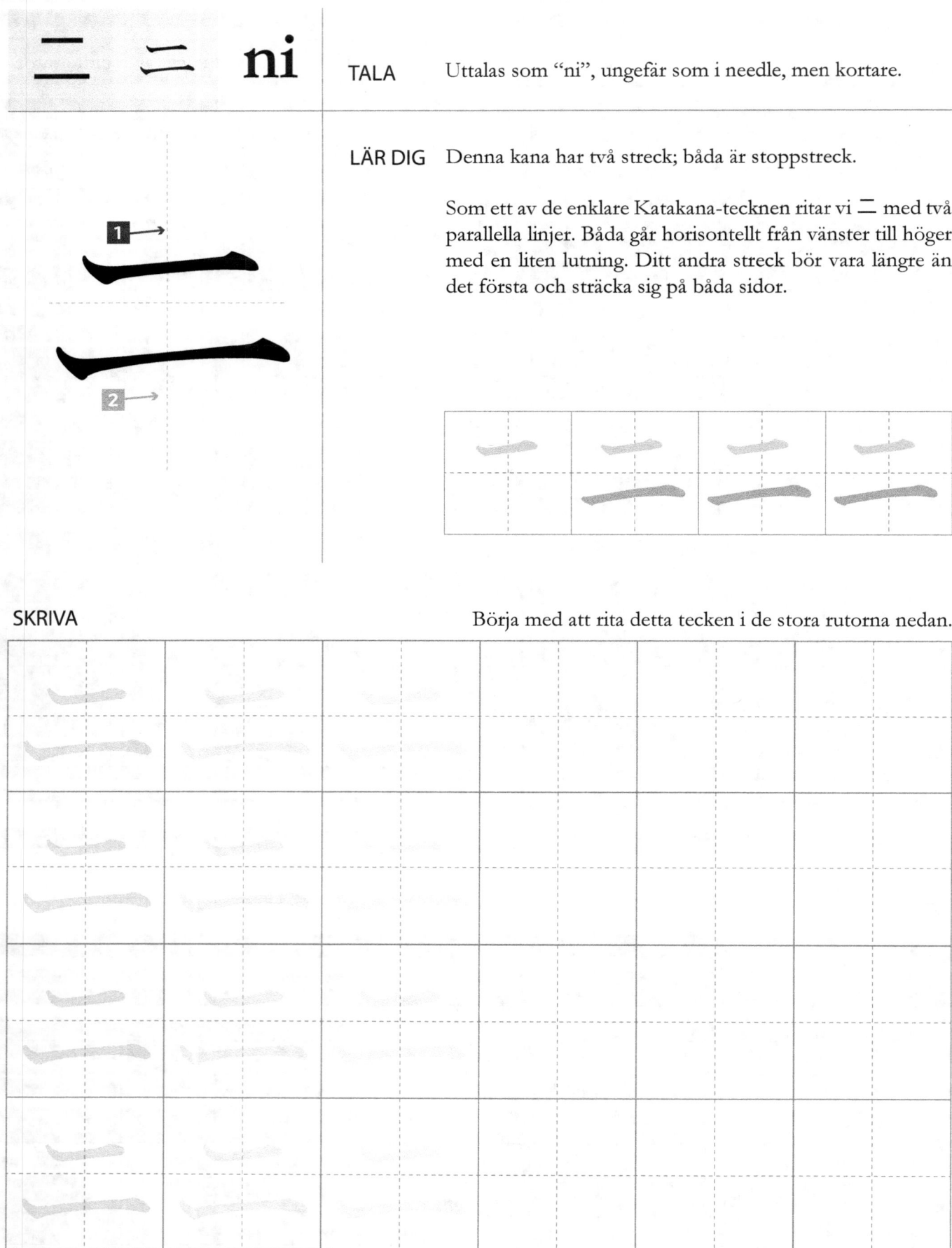

SKRIVA Börja med att rita detta tecken i de stora rutorna nedan.

ÖVA

ヌ ヌ nu

TALA Uttalas som “nu”, ungefär som i noodles.

LÄR DIG Ritas med två streck: ett långt fade och ett stopp.

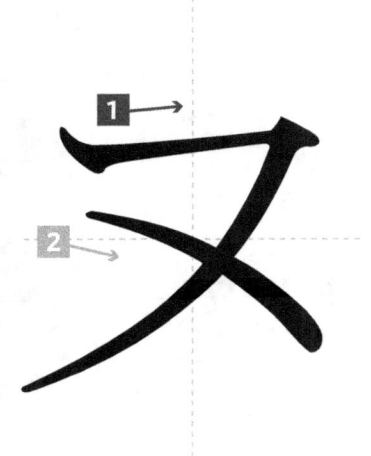

Börja ditt första streck med en lätt lutande horisontell linje från vänster till höger och upp lite. Utan att lyfta pennan, sväng skarpt nedåt i en lång svepande kurva. Den slutar som ett fade i cellens nedre vänstra del. Ditt andra streck är en kortare kurva som avslutas med ett stopp. Den börjar under starten av ditt första streck och skär genom mitten av den kurva du just gjort..

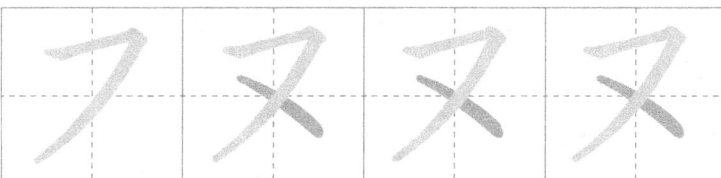

SKRIVA Börja med att rita detta tecken i de stora rutorna nedan.

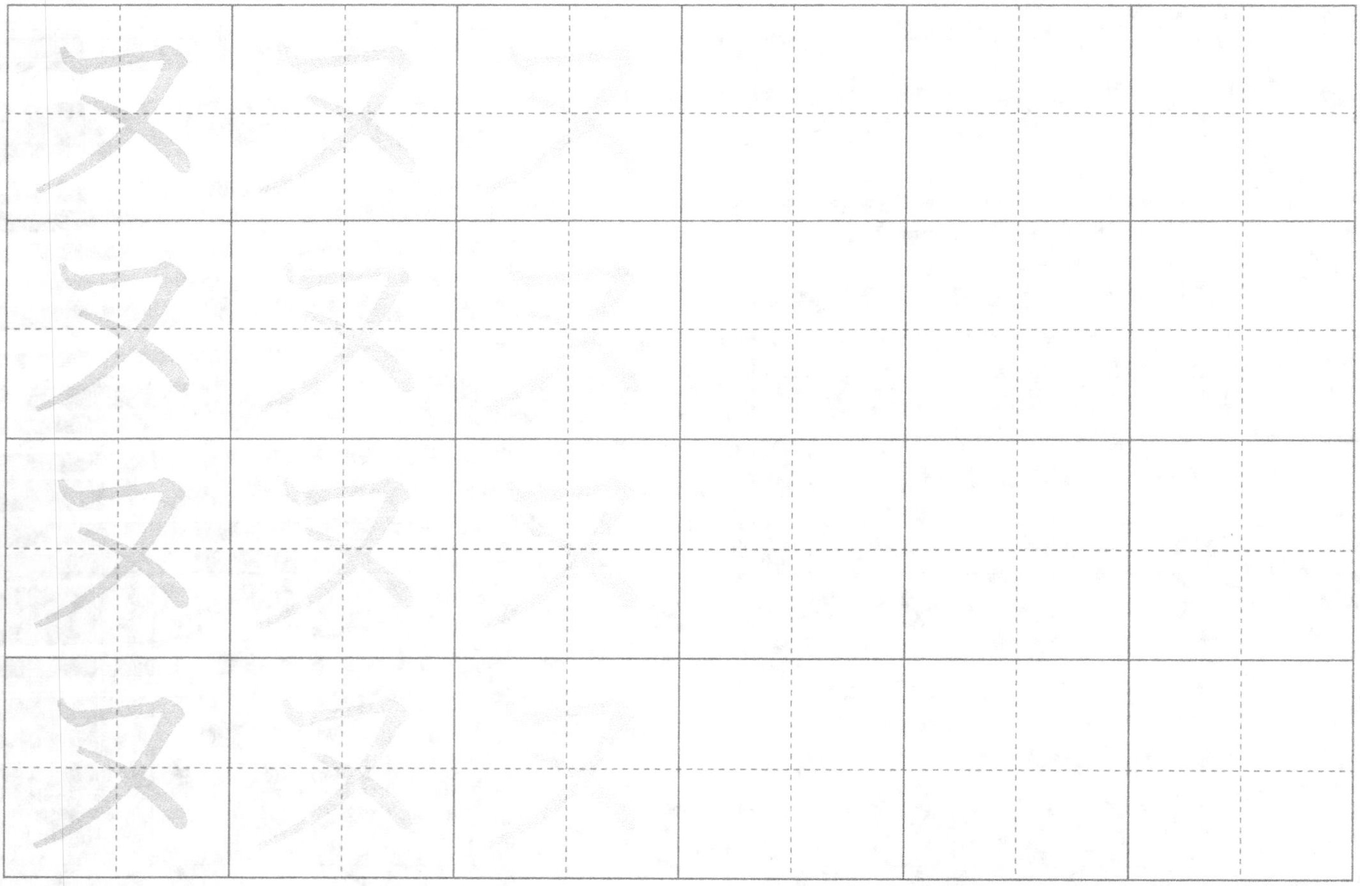

Öva nu i dessa uppsättningar av mindre rutor.

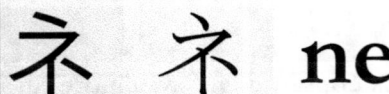

ネ ネ ne

TALA Uttalas som “ne”, ungefär som i ordet nest.

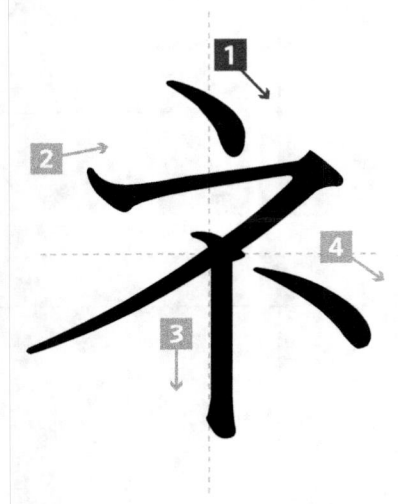

LÄR DIG Denna kana har fyra streck: stopp, fade, stopp och stopp.

Börja med ett kort, lutande stoppstreck i övre mitten. Ditt andra streck börjar med en horisontell linje innan det svänger skarpt in i en fade-böjd kurva nedåt och åt vänster. Streck tre är en vertikal linje med stopp, som börjar i mitten av kurvan från streck 2. Det sista strecket är en kort diagonal linje som bör vara ungefär lika lång som den nedre delen av din långa kurva.

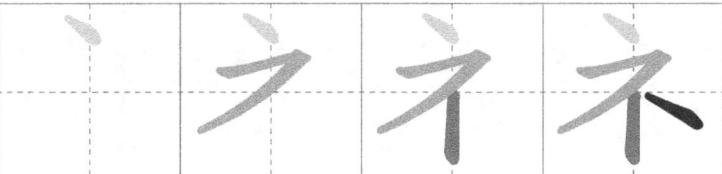

SKRIVA Börja med att rita detta tecken i de stora rutorna nedan.

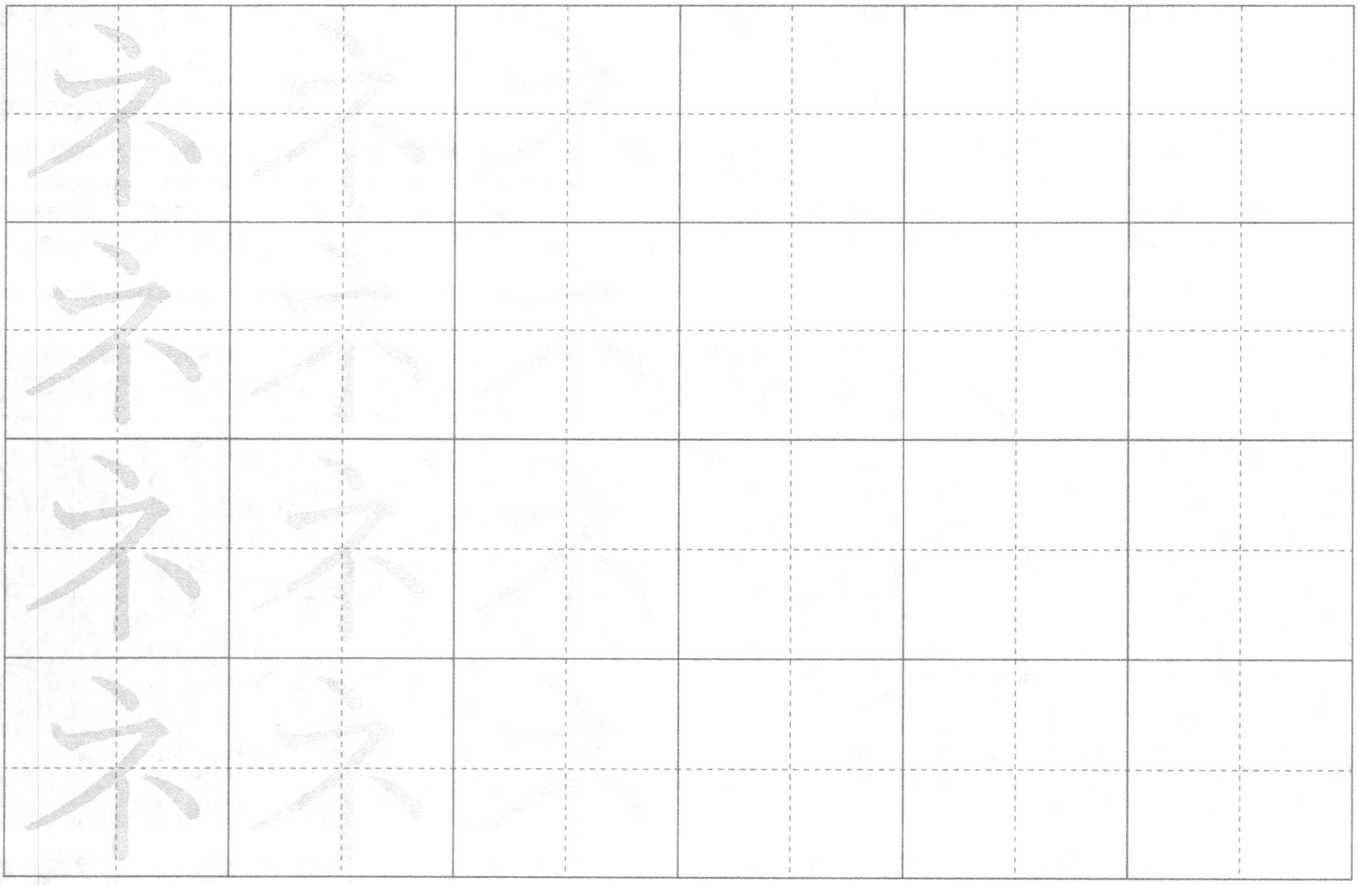

Öva nu i dessa uppsättningar av mindre rutor.

ノ ノ **no**

LÄR DIG   Denna kana skrivs med ett streck: ett fade.

Detta är förmodligen det enklaste av Katakana-tecknen och består av ett enda, fade-böjt streck. Börja i övre högra hörnet och svep nedåt till ett fade i nedre vänstra hörnet. Var noga med placeringen av detta kana.

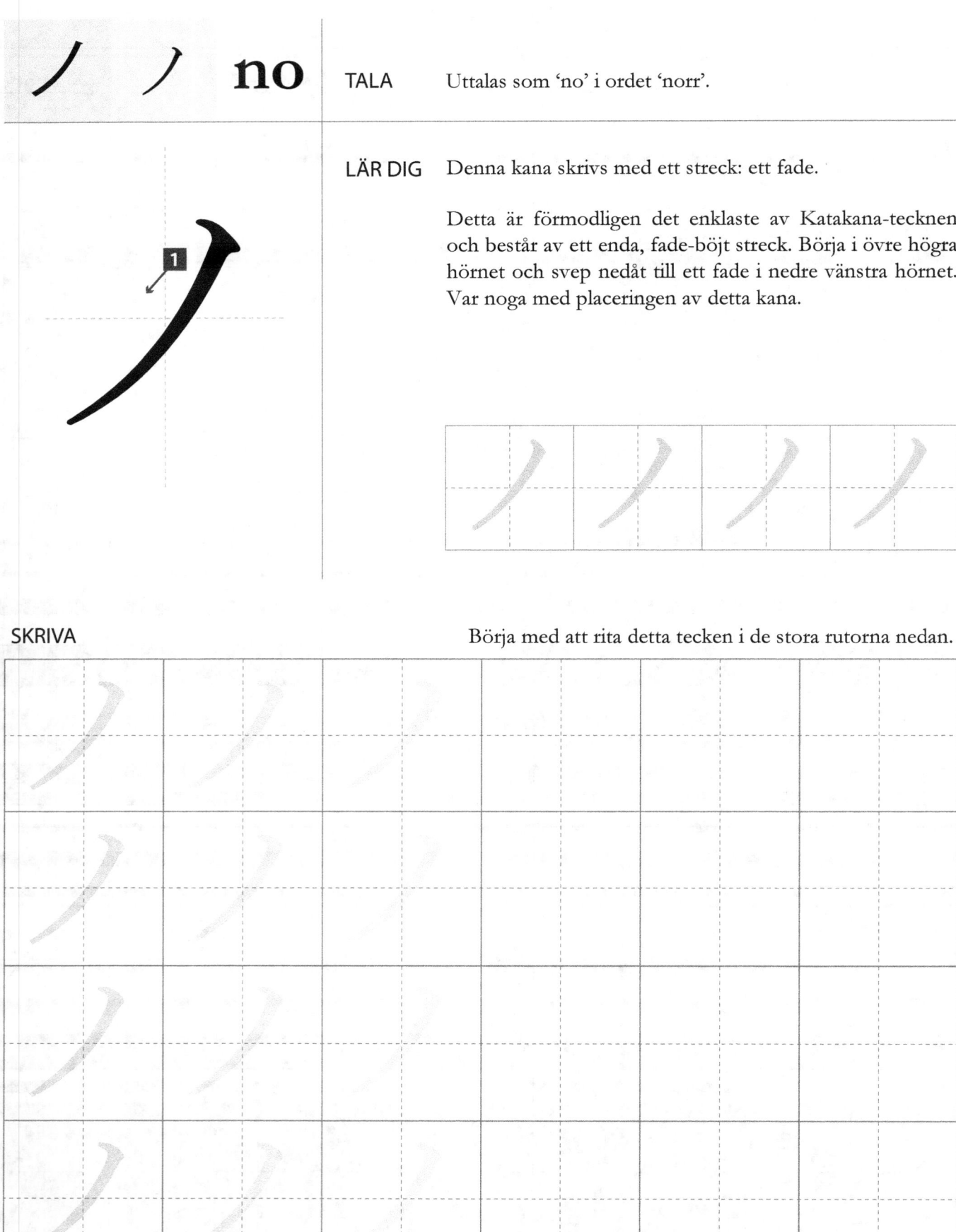

SKRIVA   Börja med att rita detta tecken i de stora rutorna nedan.

Öva nu i dessa uppsättningar av mindre rutor.

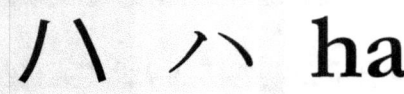 **ha**

Uttalas som 'ha' när man skrattar, som ha-ha.

LÄR DIG Rita denna kana med två streck: ett fade och ett stopp.

Ditt första streck är en böjd diagonal linje som börjar strax vänster om mitten och tonar ut nedåt åt vänster. Det andra strecket speglar nästan det första, men slutar med ett stopp i nedre högra området. Startpunkterna bör vara åtskilda och placerade bort från mittlinjen.

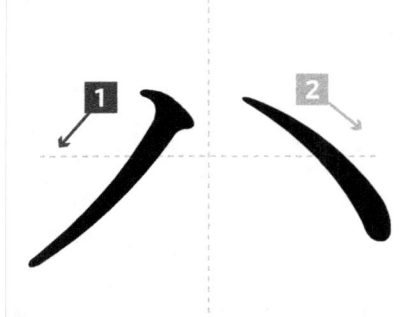

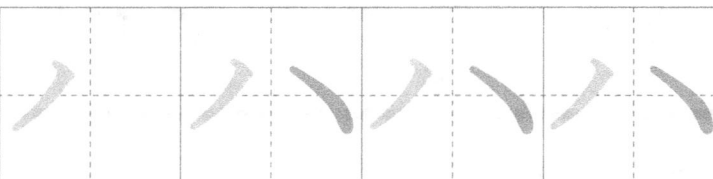

SKRIVA Börja med att rita detta tecken i de stora rutorna nedan.

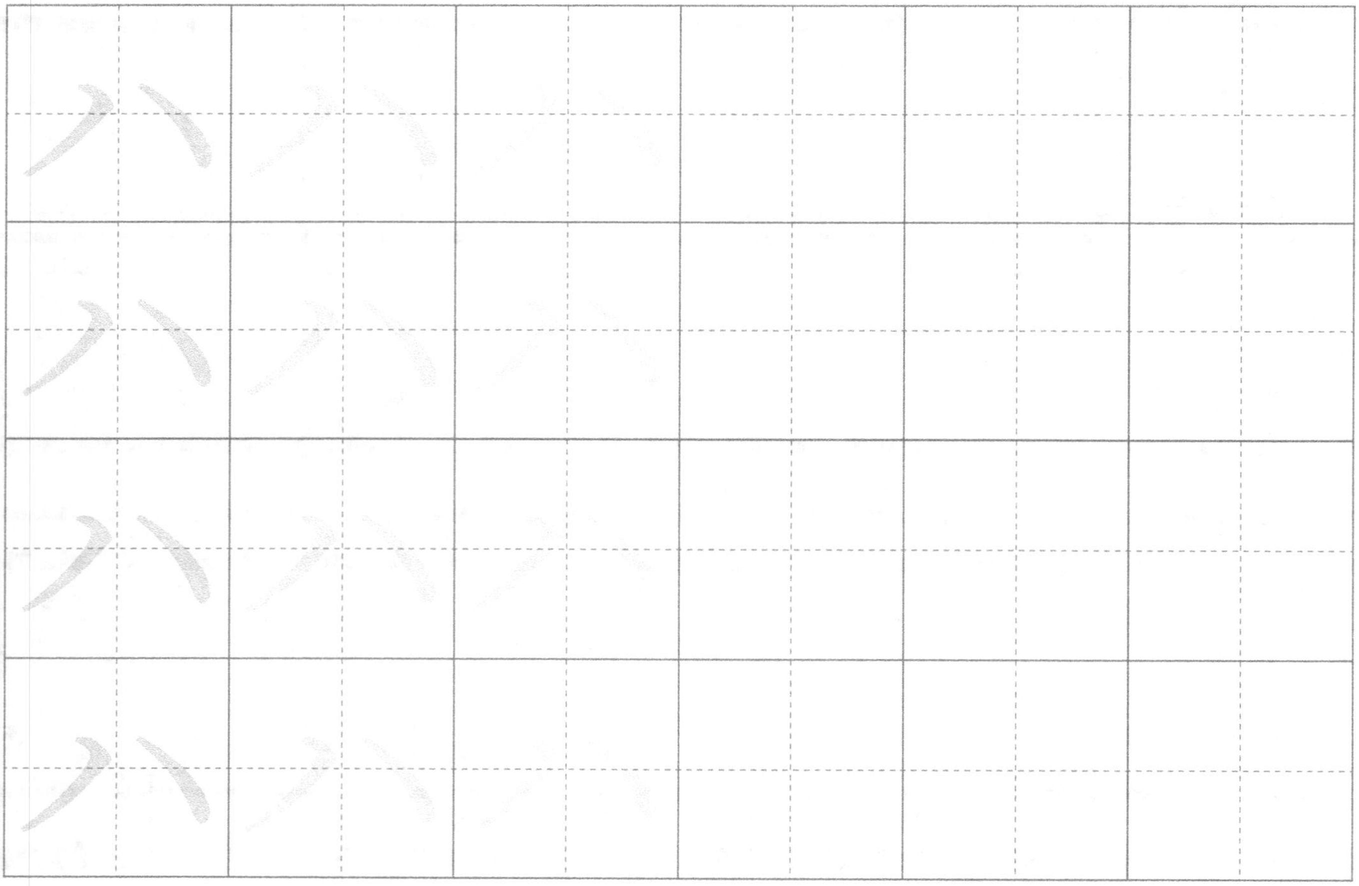

Öva nu i dessa uppsättningar av mindre rutor.

ヒ　ヒ　hi

Uttalas som 'he' i ordet 'helg'.

LÄR DIG

Denna kana ritas med två streck; båda är

Gör det första strecket som en lätt lutande linje från vänster till höger och avsluta med ett stopp. Ditt andra streck börjar i övre vänstra hörnet och börjar som en vertikal linje nedåt, som precis vidrör slutet av det första strecket. När pennan närmar sig den nedre delen av cellen, sväng försiktigt åt höger – detta är inte en skarp vinkel som i andra kana. Det andra strecket bör avslutas ungefär under slutet av det.

SKRIVA

Börja med att rita detta tecken i de stora rutorna nedan.

Öva nu i dessa uppsättningar av mindre rutor.

フ フ **fu**

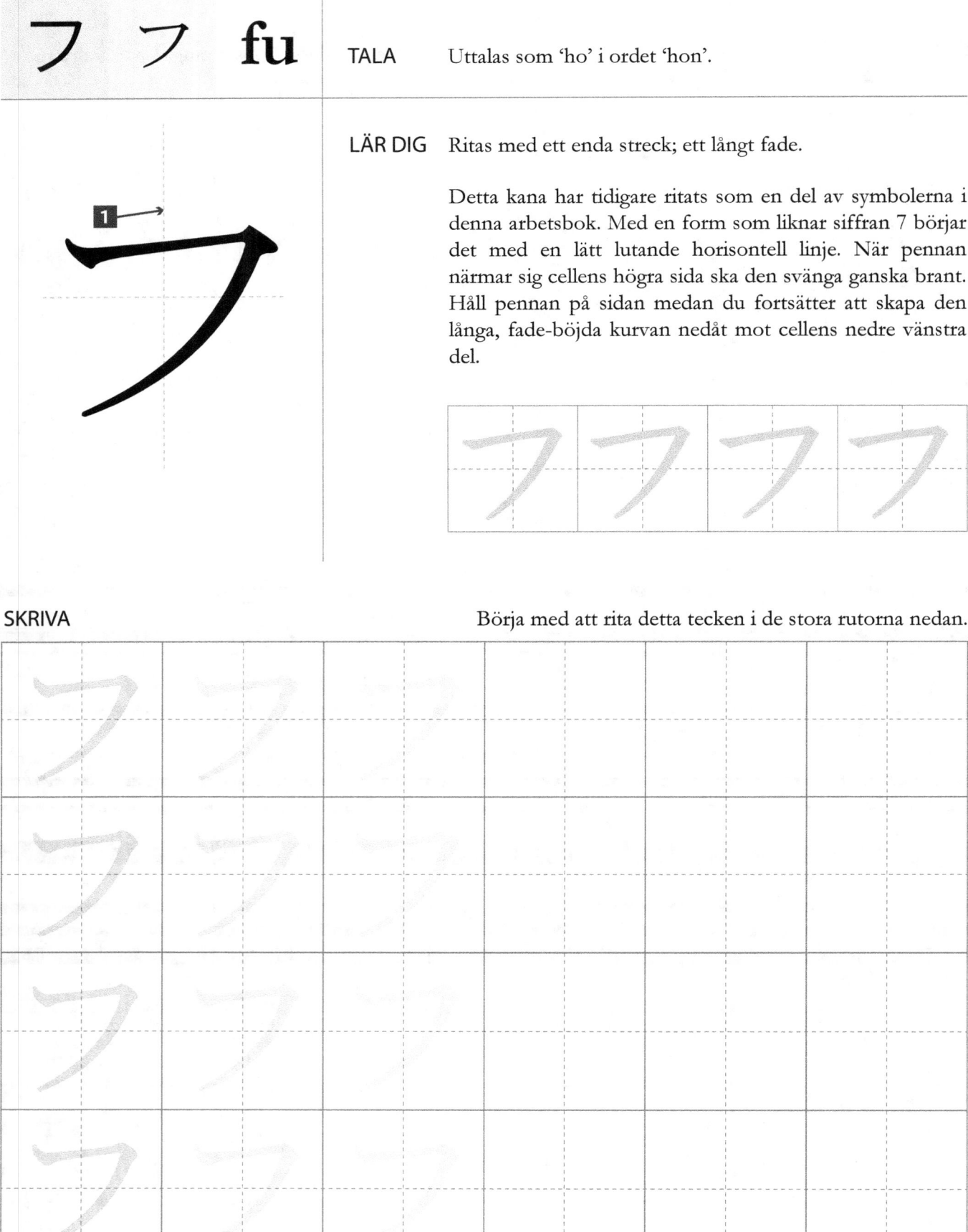

TALA Uttalas som 'ho' i ordet 'hon'.

LÄR DIG Ritas med ett enda streck; ett långt fade.

Detta kana har tidigare ritats som en del av symbolerna i denna arbetsbok. Med en form som liknar siffran 7 börjar det med en lätt lutande horisontell linje. När pennan närmar sig cellens högra sida ska den svänga ganska brant. Håll pennan på sidan medan du fortsätter att skapa den långa, fade-böjda kurvan nedåt mot cellens nedre vänstra del.

SKRIVA Börja med att rita detta tecken i de stora rutorna nedan.

Öva nu i dessa uppsättningar av mindre rutor.

∧　⌒　**he**

Uttalas som 'he' i namnet 'Helen'.

LÄR DIG　Denna kana görs med ett enda streck; ett stopp.

Detta enkla streck börjar från mitten på vänstra sidan av cellen. Rita pennan diagonalt uppåt och åt höger, men innan du når mittlinjen, sväng tillbaka nedåt och gör den längre diagonala linjen till nedre högra hörnet. Se till att "spetsen" högst upp är placerad till vänster om mittlinjen.

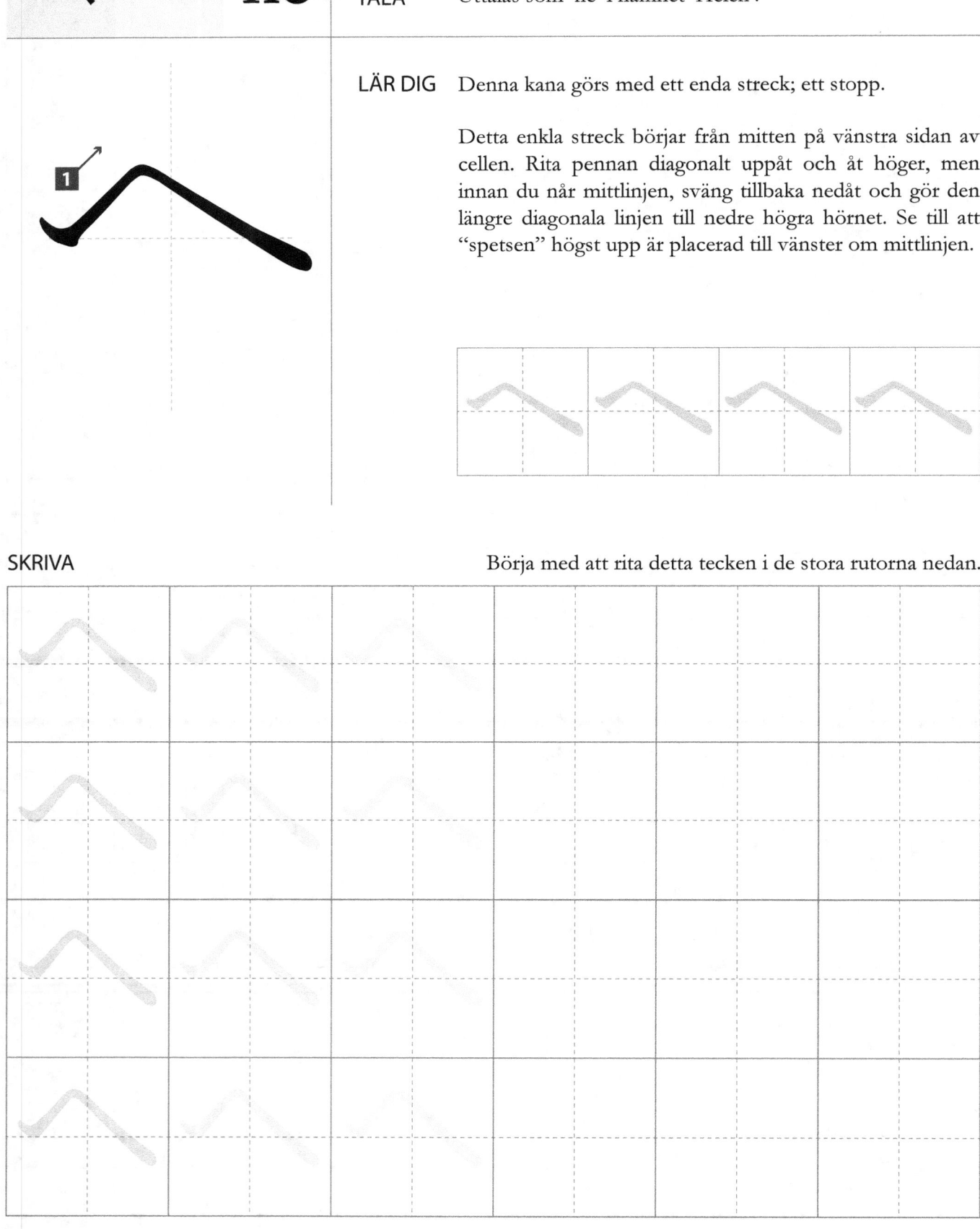

SKRIVA　　　　　　　　　　　　　Börja med att rita detta tecken i de stora rutorna nedan.

Öva nu i dessa uppsättningar av mindre rutor.

ホ ホ ho

TALA   Uttalas som 'ho' i ordet 'hotel'.

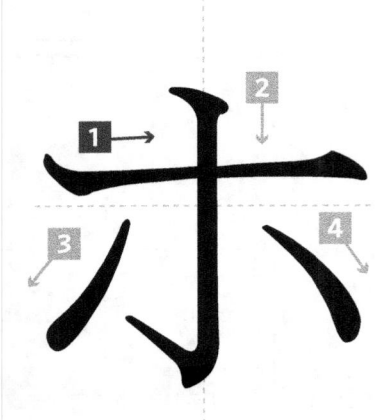

LÄR DIG   Denna kana har fyra streck: stopp, hoppfade, stopp och

Det första strecket är en horisontell linje från vänster till höger. Ditt andra streck är en vertikal linje som skär genom mitten av det första strecket, strax ovanför cellens mitt. Avsluta med en hane genom att snabbt snärta pennan från pappret. Det tredje och fjärde strecket ritas på samma sätt som vi ritar kana ノ\, speglade mot varandra. De bör inte komma i kontakt med några av de andra strecken.

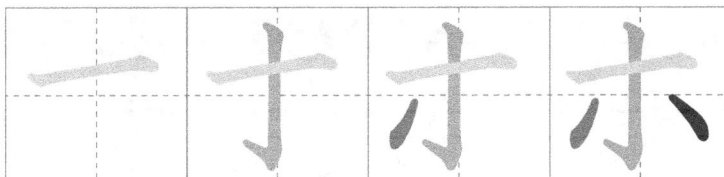

SKRIVA   Börja med att rita detta tecken i de stora rutorna nedan.

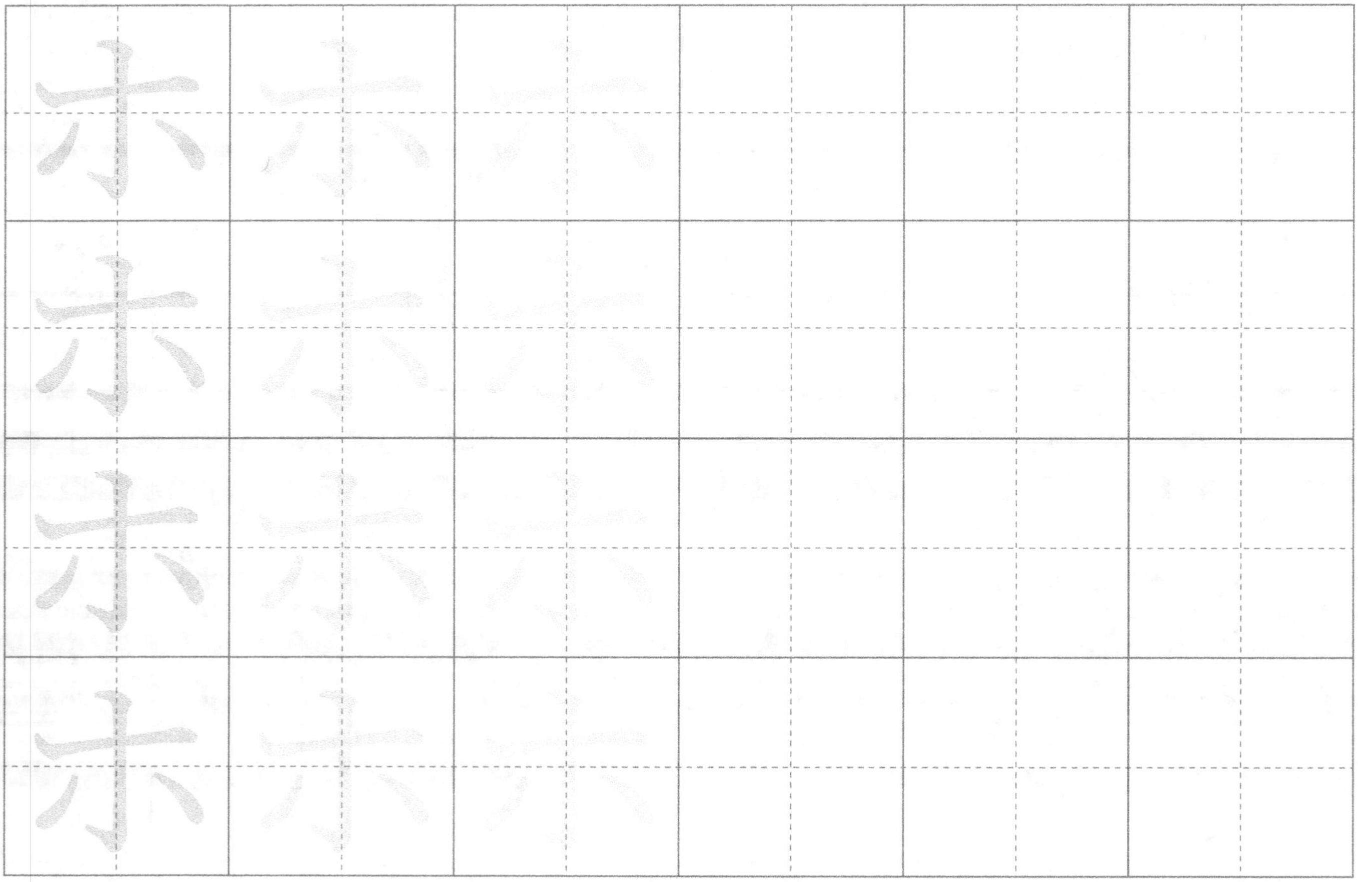

Öva nu i dessa uppsättningar av mindre rutor.

 **ma**

Uttalas som 'ma' i ordet 'marknad'

LÄR DIG   Ritas med två streck: ett långt fade och ett kort stoppstreck.

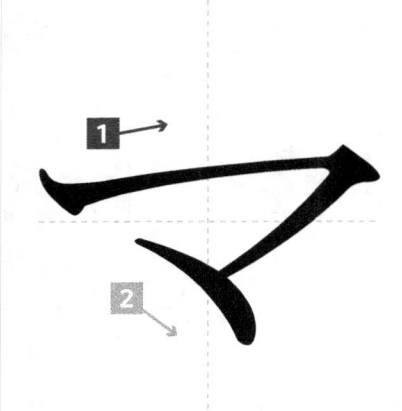

Börja med ett bekant första streck och dra pennan horisontellt över cellen. Utan att lyfta pennan, sväng skarpt tillbaka och nedåt med en kortare fade-kurva åt vänster. Ditt andra streck är en relativt kort linje, dragen diagonalt nedåt och åt höger. Var noga med att inte förväxla detta med kana ア som vi lärde oss i början!

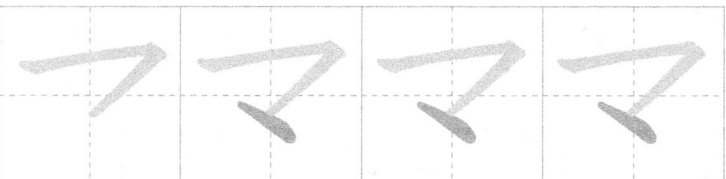

SKRIVA   Börja med att rita detta tecken i de stora rutorna nedan.

Öva nu i dessa uppsättningar av mindre rutor.

三 三 **mi**

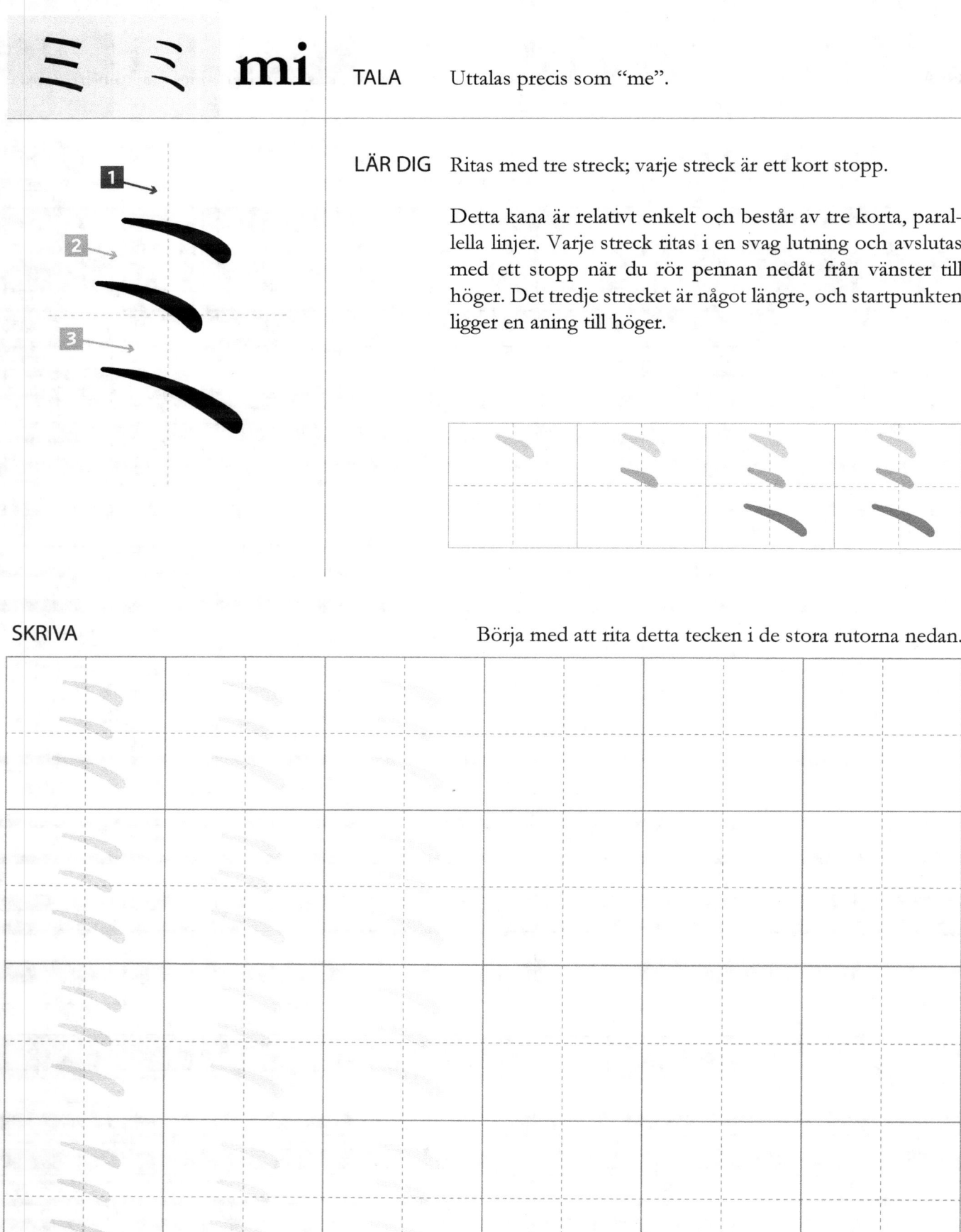

LÄR DIG   Ritas med tre streck; varje streck är ett kort stopp.

Detta kana är relativt enkelt och består av tre korta, parallella linjer. Varje streck ritas i en svag lutning och avslutas med ett stopp när du rör pennan nedåt från vänster till höger. Det tredje strecket är något längre, och startpunkten ligger en aning till höger.

SKRIVA   Börja med att rita detta tecken i de stora rutorna nedan.

ÖVA

ム　ム　**mu**

TALA　Uttalas som 'mo' i ordet 'morgon'.

LÄR DIG　Rita detta kana med två streck: stopp och.

Det ser nästan ut som tre separata streck, men det första bildar en slags L-form. Börja med en rak linje, dragen diagonalt från övre mitten till nedre vänster. Håll pennan på papperet och sväng skarpt åt höger. Dra över cellen i en mycket mer grund vinkel och avsluta med ett stopp. Det andra strecket är ett kort diagonalt stoppstreck som bör vidröra slutet av det första strecket när det går nedåt.

SKRIVA　Börja med att rita detta tecken i de stora rutorna nedan.

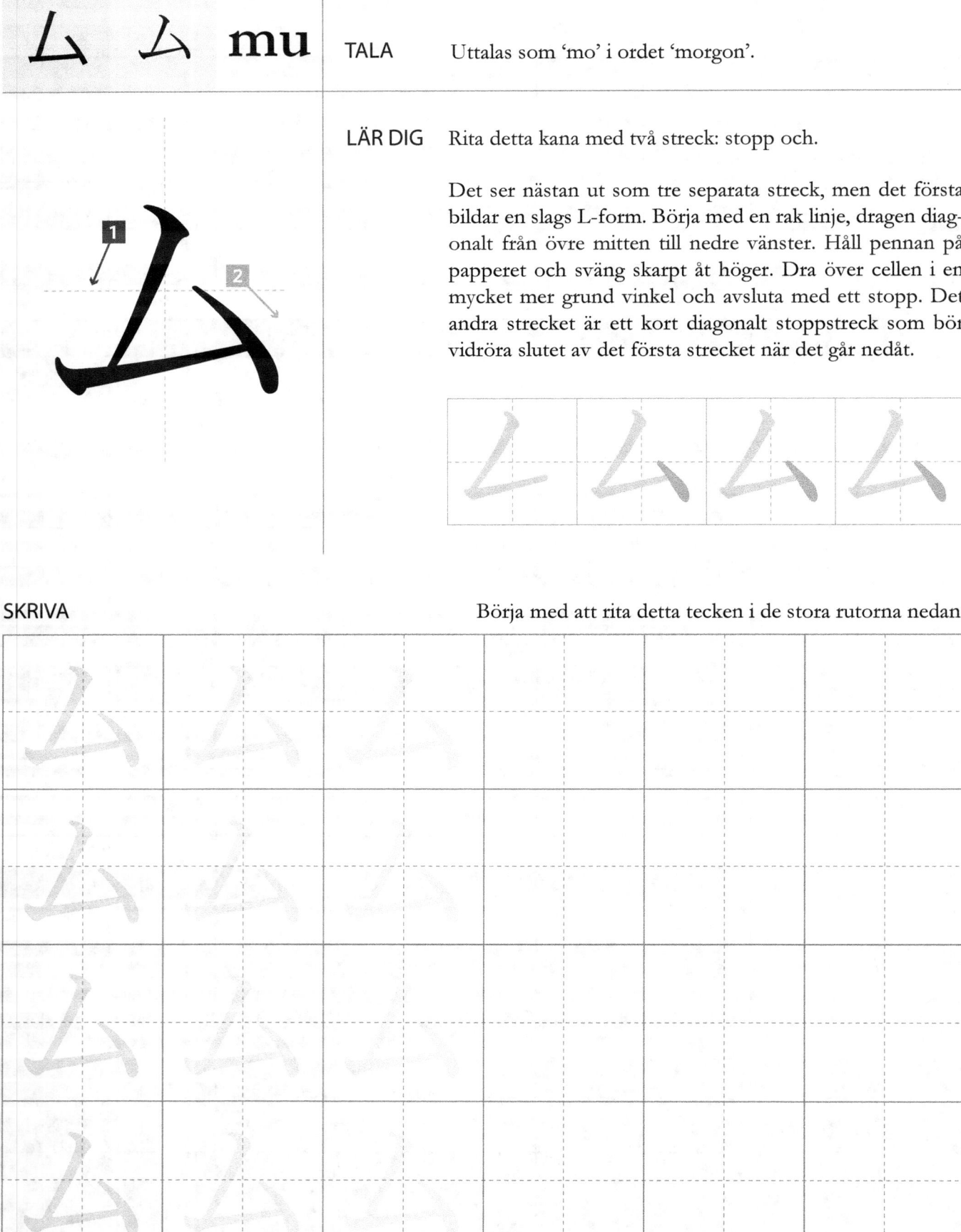

ÖVA

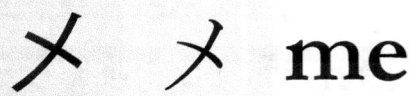

メ メ me

TALA Uttalas som 'me' i ordet 'metall'.

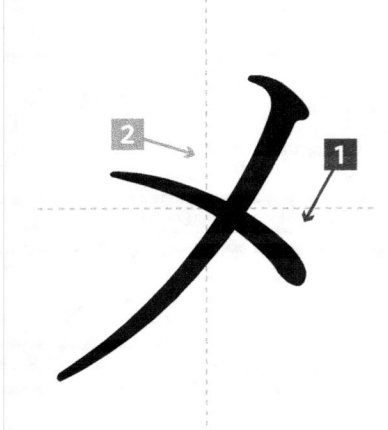

LÄR DIG Denna kana ritas med två streck: ett fade och ett stopp.

Ditt första streck är en relativt lång böjd linje, dragen från övre högra kvadranten till nedre vänstra. Denna linje bör avslutas med ett fade. Det andra diagonala strecket är en kortare kurva som skär genom mitten av ditt första streck och avslutas med ett stopp.

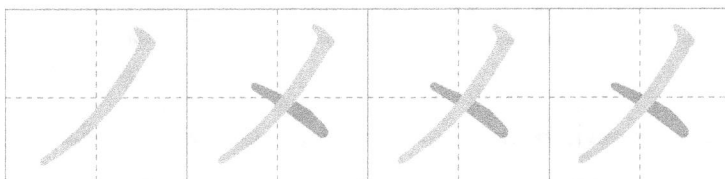

SKRIVA Börja med att rita detta tecken i de stora rutorna nedan.

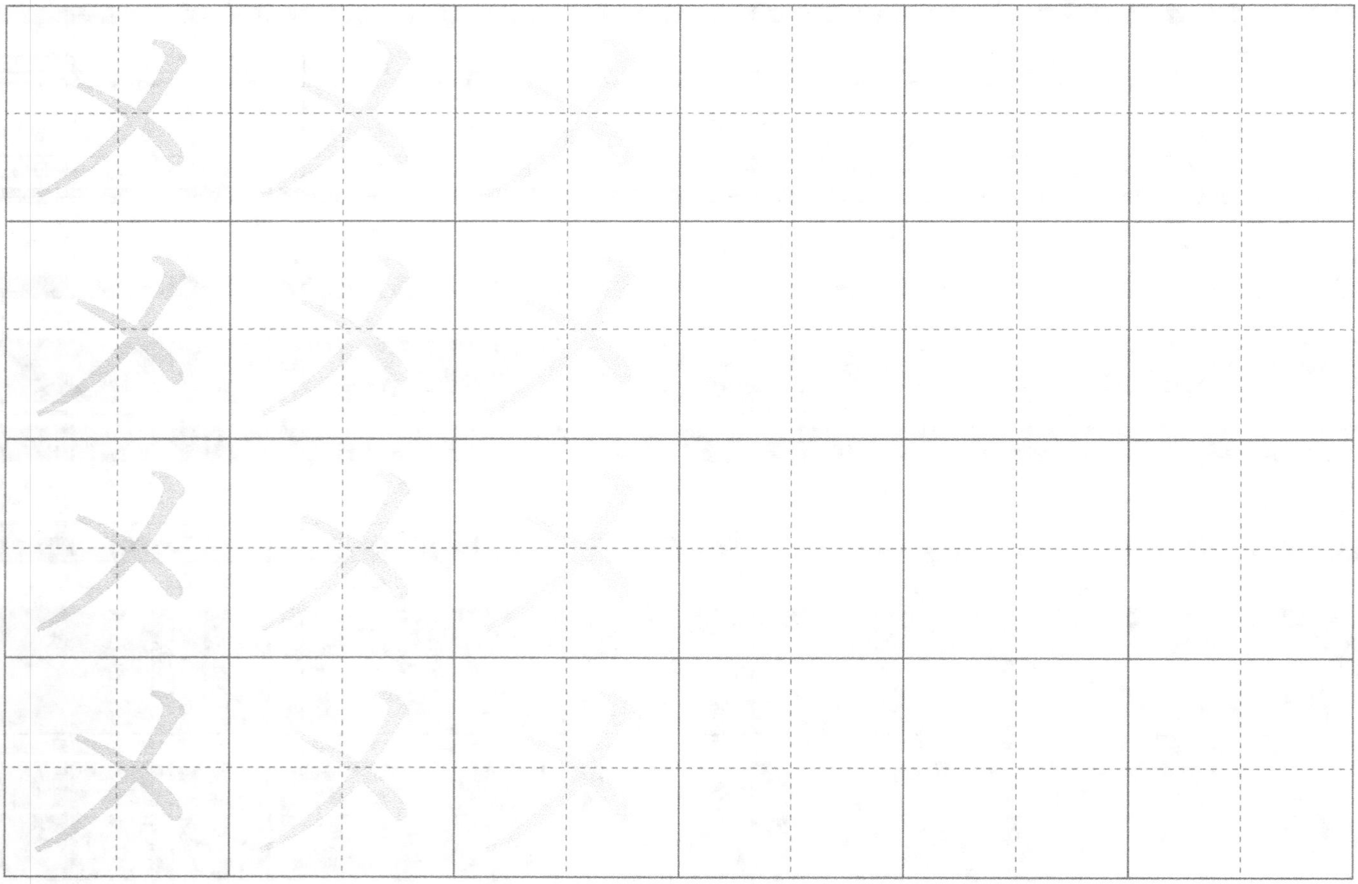

ÖVA

 **mo**

Uttalas som 'mo' i ordet 'morgon'.

LÄR DIG Denna kana har tre streck; alla är stoppstreck.

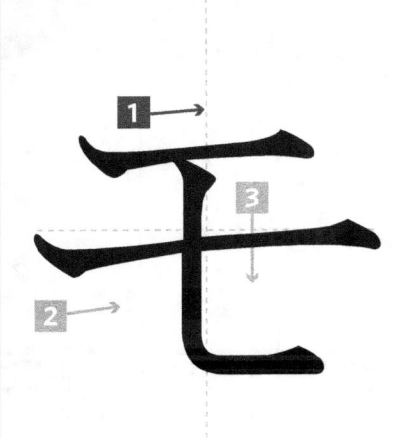

Börja detta kana med att rita det första och andra strecket som två horisontella linjer. Det andra strecket bör vara lite längre än det första. Ditt tredje streck börjar på det första strecket och ritas först som en vertikal linje nedåt. Det skär igenom ditt andra streck och när pennan närmar sig cellens botten, sväng försiktigt åt höger och avsluta med ett stopp.

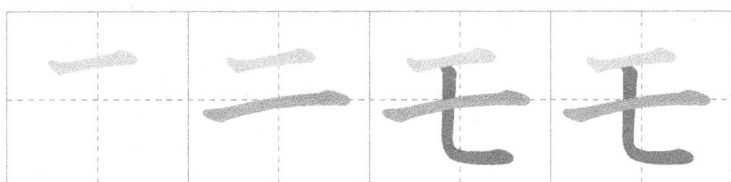

SKRIVA Börja med att rita detta tecken i de stora rutorna nedan.

Öva nu i dessa uppsättningar av mindre rutor.

ヤ ヤ **ya**

TALA Uttalas som 'ja' i ordet 'jakt'.

LÄR DIG Rita detta kana med två streck: ett fade och ett stopp.

Vi börjar med att rita detta kana med en rak linje från vänster till höger i en relativt grund lutning uppåt. När vi närmar oss cellens högra sida svänger linjen skarpt nedåt och tillbaka mot mitten med ett kort fade. Ditt andra streck är en lång diagonal linje från övre vänstra delen av cellen, närmare mitten än sidan, och den skär genom det första strecket ungefär en tredjedel från startpunkten.

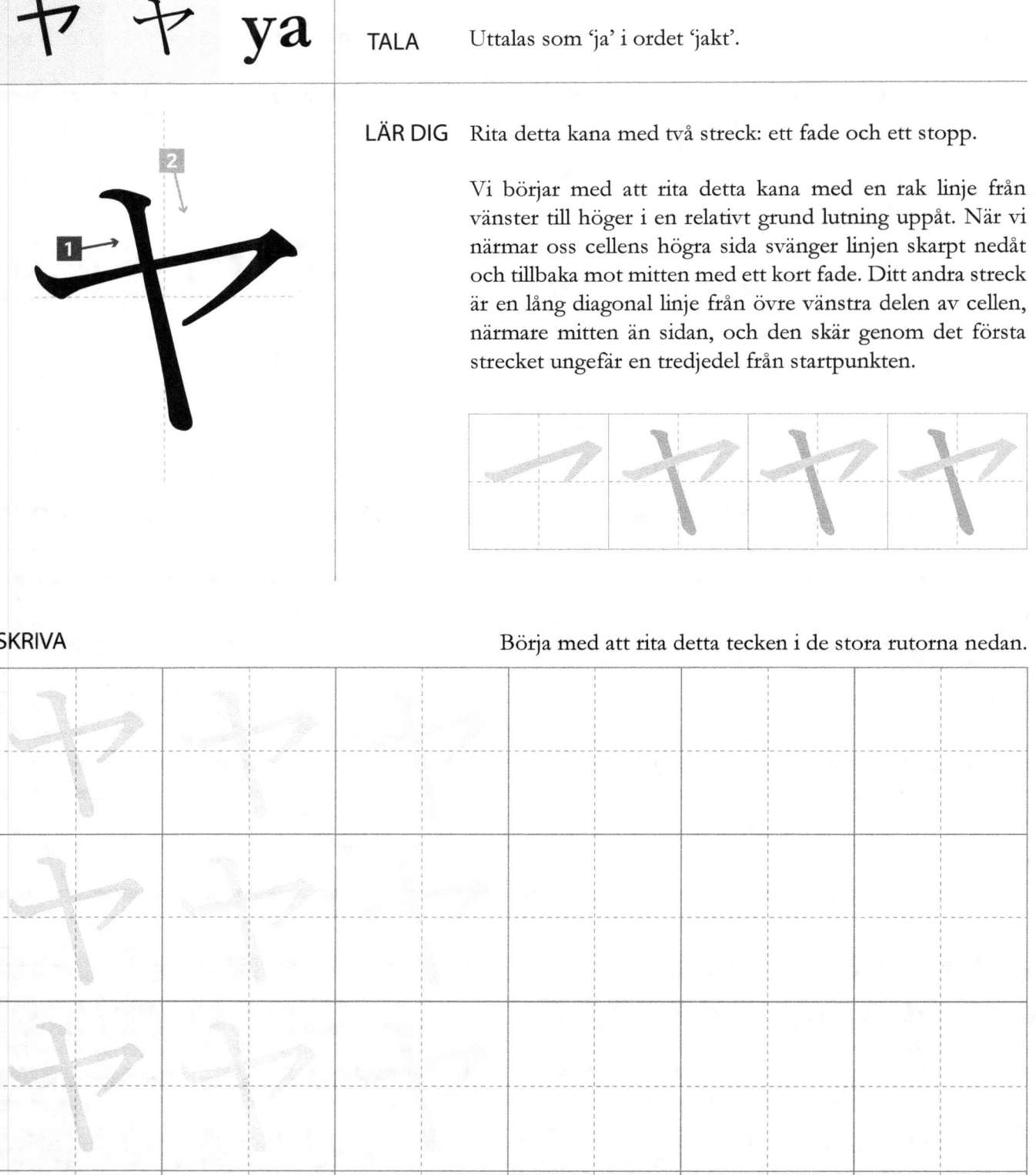

SKRIVA Börja med att rita detta tecken i de stora rutorna nedan.

ÖVA

Öva nu i dessa uppsättningar av mindre rutor.

ユ ユ yu

Uttalas som 'yu' i ordet 'yoga'.

LÄR DIG Denna kana ritas med två streck; båda är stopp.

Ditt första streck börjar som en kort horisontell linje och svänger sedan brant nedåt till ett stopp. Ditt andra streck börjar längre åt vänster än det första och under mittlinjen. Det är en längre horisontell linje och måste vidröra slutet av det första strecket. För att detta tecken inte ska förväxlas med katakana ⊐, se till att det andra strecket sträcker sig längre ut på båda sidor.

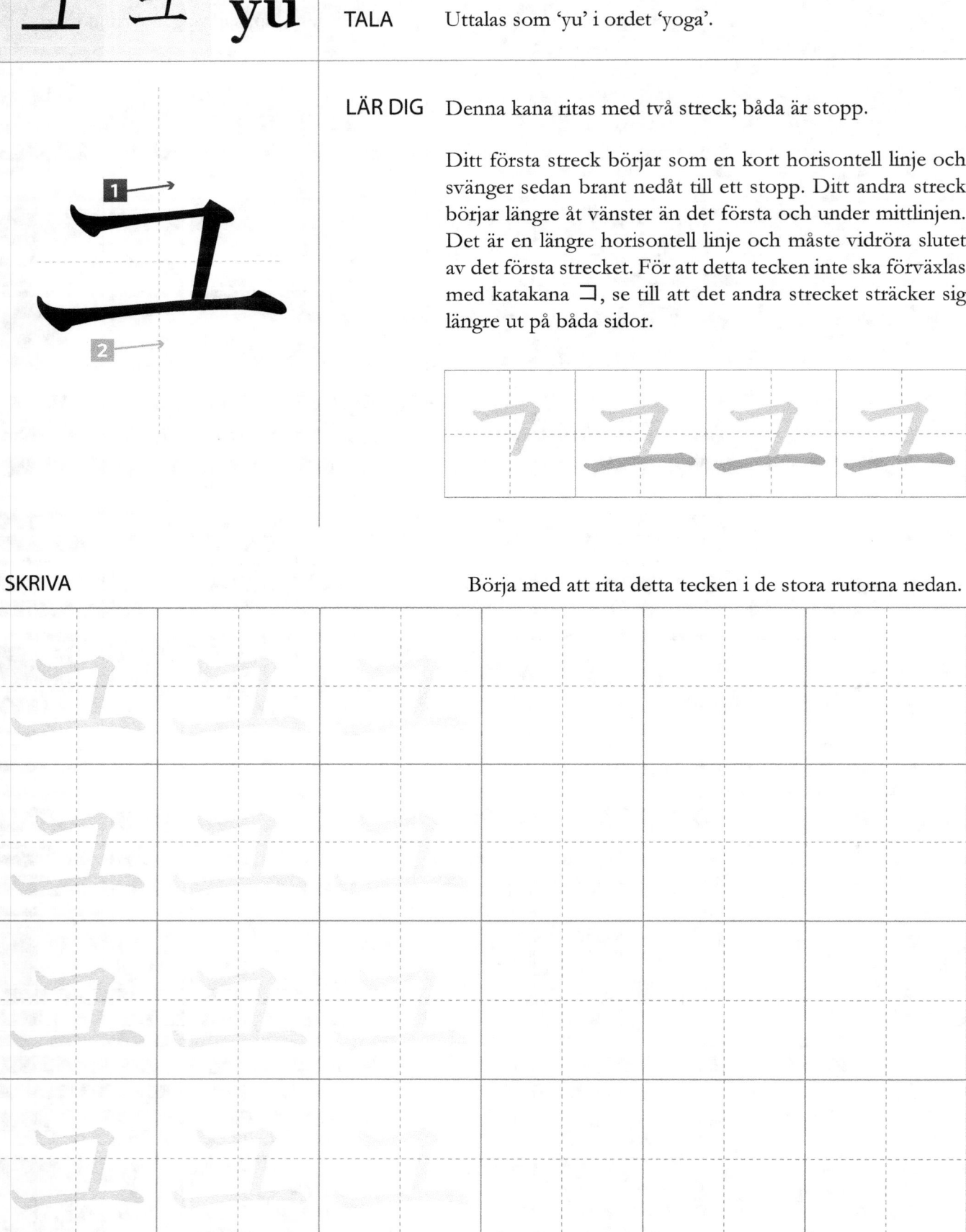

SKRIVA Börja med att rita detta tecken i de stora rutorna nedan.

Öva nu i dessa uppsättningar av mindre rutor.

ヨ　ヨ　yo

LÄR DIG　Denna kana ritas med tre penseldrag: alla stopp.

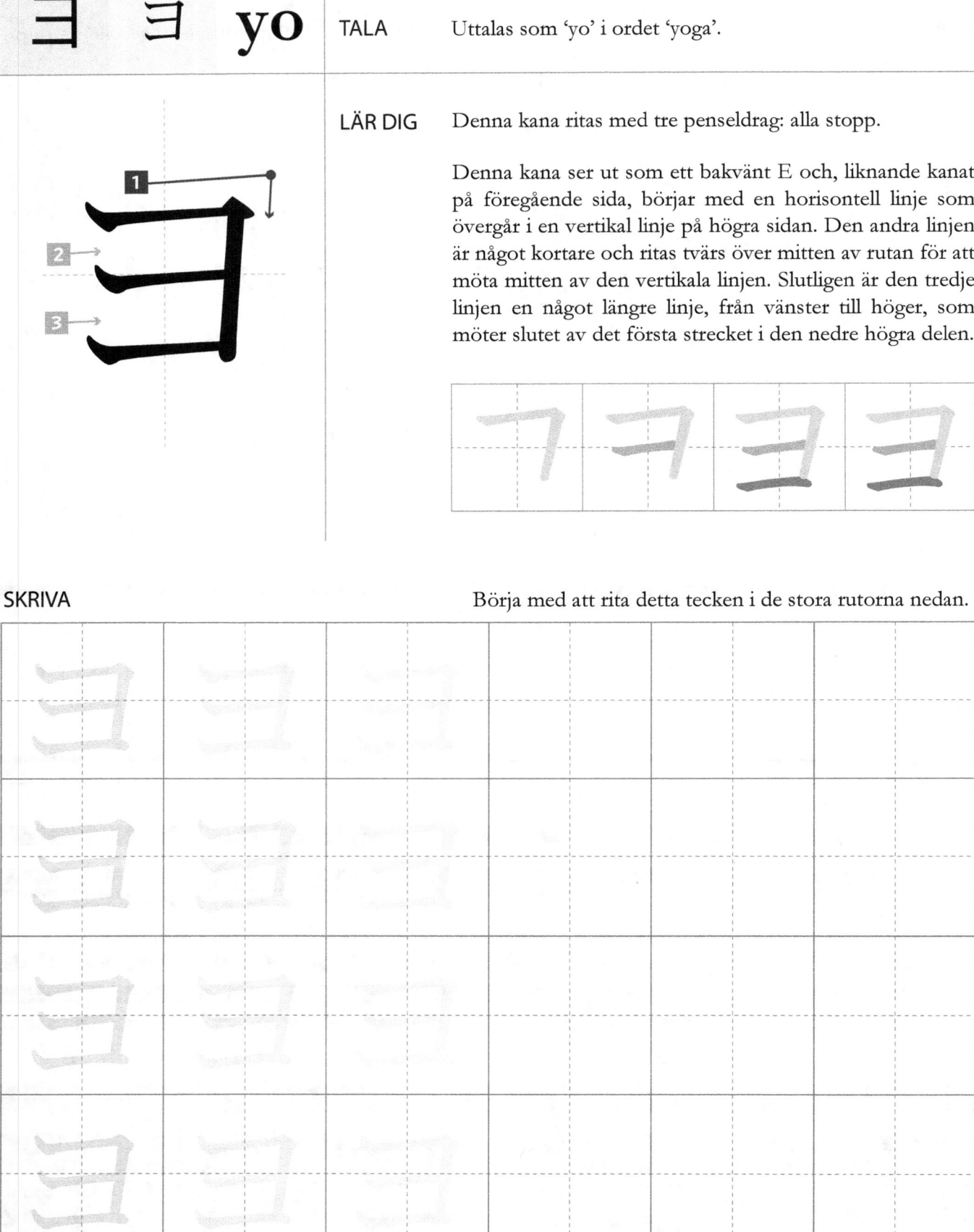

Denna kana ser ut som ett bakvänt E och, liknande kanat på föregående sida, börjar med en horisontell linje som övergår i en vertikal linje på högra sidan. Den andra linjen är något kortare och ritas tvärs över mitten av rutan för att möta mitten av den vertikala linjen. Slutligen är den tredje linjen en något längre linje, från vänster till höger, som möter slutet av det första strecket i den nedre högra delen.

SKRIVA　Börja med att rita detta tecken i de stora rutorna nedan.

Öva nu i dessa uppsättningar av mindre rutor.

ラ ラ **ra**

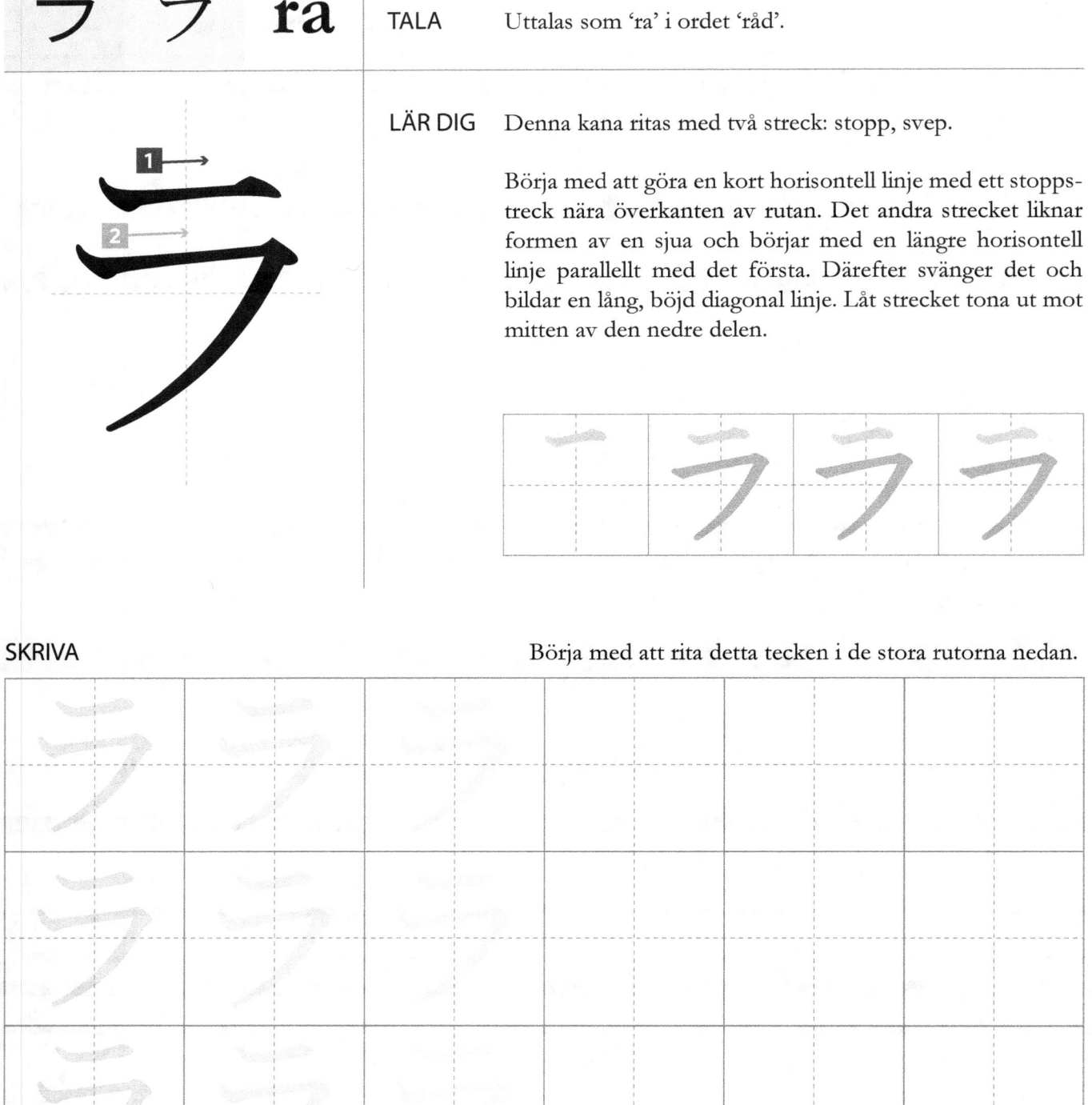

LÄR DIG   Denna kana ritas med två streck: stopp, svep.

Börja med att göra en kort horisontell linje med ett stoppstreck nära överkanten av rutan. Det andra strecket liknar formen av en sjua och börjar med en längre horisontell linje parallellt med det första. Därefter svänger det och bildar en lång, böjd diagonal linje. Låt strecket tona ut mot mitten av den nedre delen.

SKRIVA   Börja med att rita detta tecken i de stora rutorna nedan.

Öva nu i dessa uppsättningar av mindre rutor.

リ リ **ri**

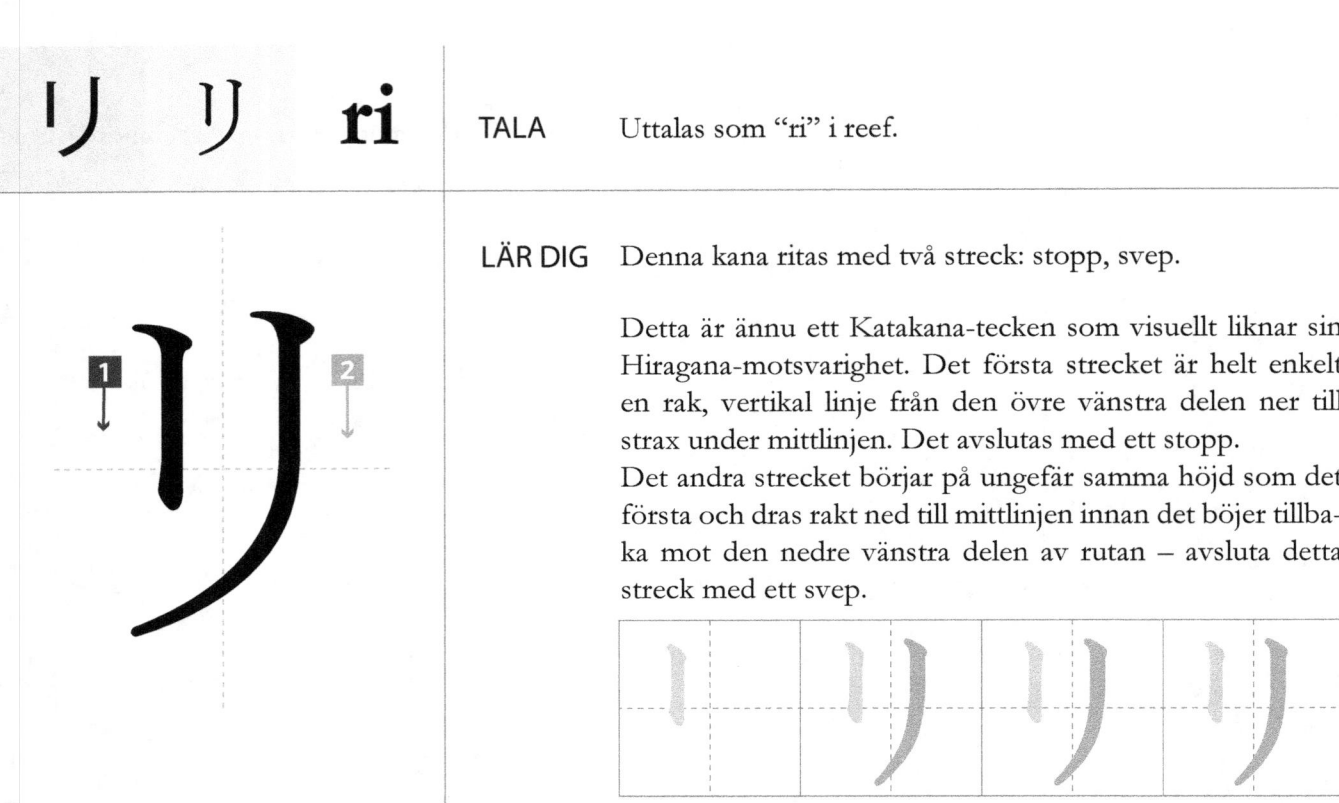

Uttalas som "ri" i reef.

LÄR DIG Denna kana ritas med två streck: stopp, svep.

Detta är ännu ett Katakana-tecken som visuellt liknar sin Hiragana-motsvarighet. Det första strecket är helt enkelt en rak, vertikal linje från den övre vänstra delen ner till strax under mittlinjen. Det avslutas med ett stopp.

Det andra strecket börjar på ungefär samma höjd som det första och dras rakt ned till mittlinjen innan det böjer tillbaka mot den nedre vänstra delen av rutan – avsluta detta streck med ett svep.

SKRIVA Börja med att rita detta tecken i de stora rutorna nedan.

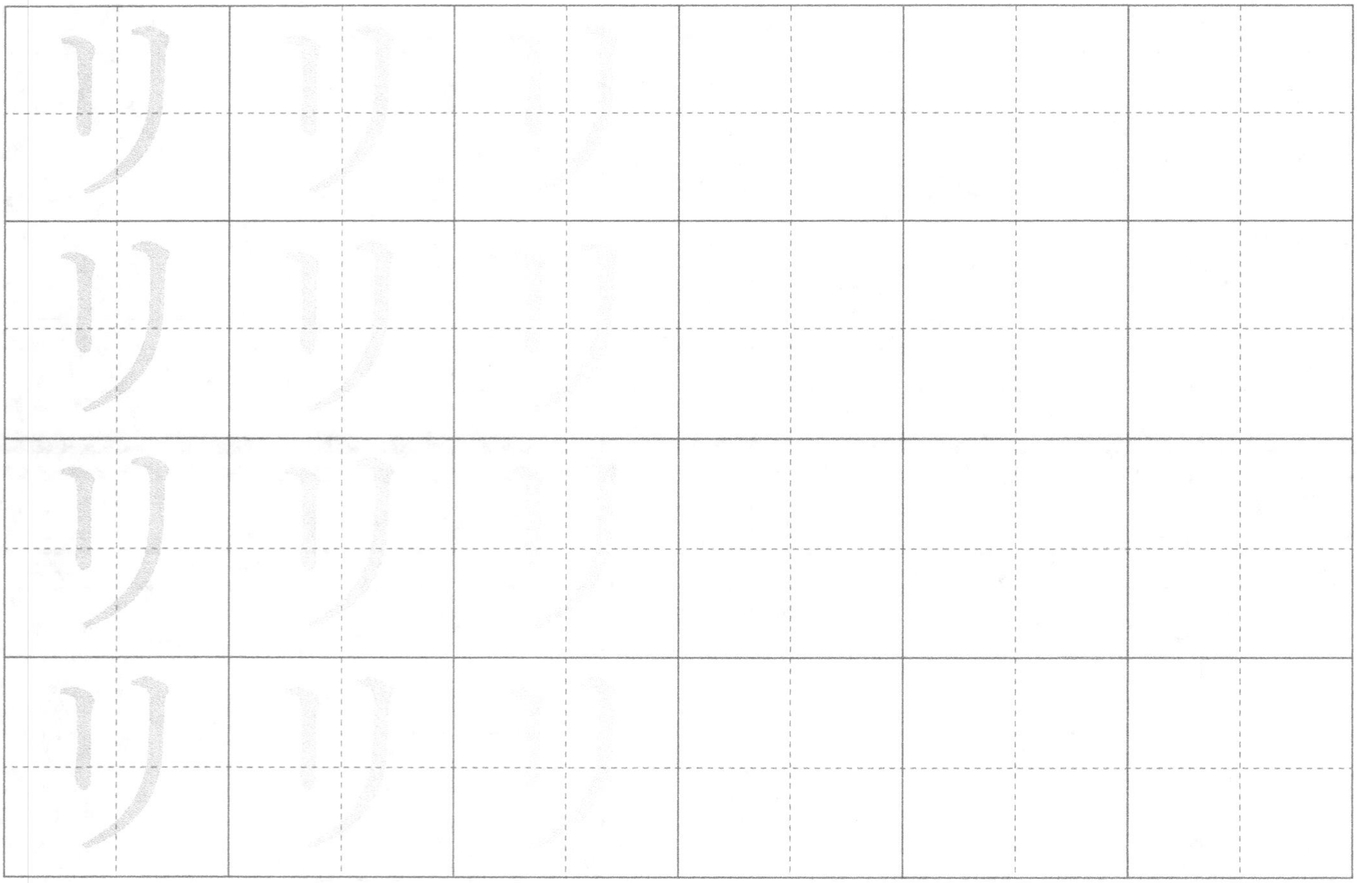

ÖVA

ル ル ru

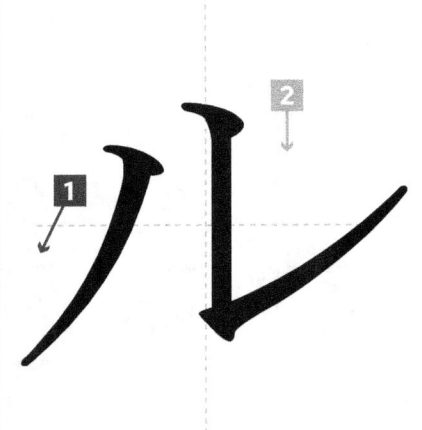

LÄR DIG   Denna kana ritas med två streck; båda tonas ut.

Börja med en böjd linje från den övre delen ned till den nedre vänstra sidan och avsluta med ett svep. Det andra strecket börjar som en rak, vertikal linje från en högre punkt än det första, strax till höger om mittlinjen. När pennan närmar sig botten, sväng skarpt åt höger och upp med ett lätt böjt, tonande streck för att avsluta.

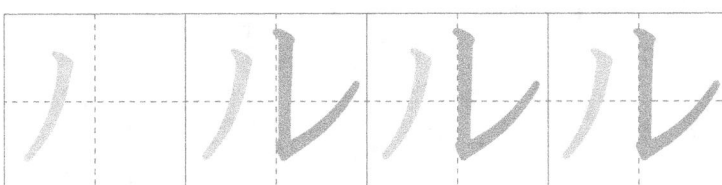

SKRIVA   Börja med att rita detta tecken i de stora rutorna nedan.

ÖVA

レ レ **re**

LÄR DIG Ritas med ett enda streck; en lång toning.

Denna kana är i princip samma som det andra strecket från det föregående Katakana-tecknet ル, men den är bredare och placerad centralt i rutan, och avslutas med en längre, tonande kurva i slutet.

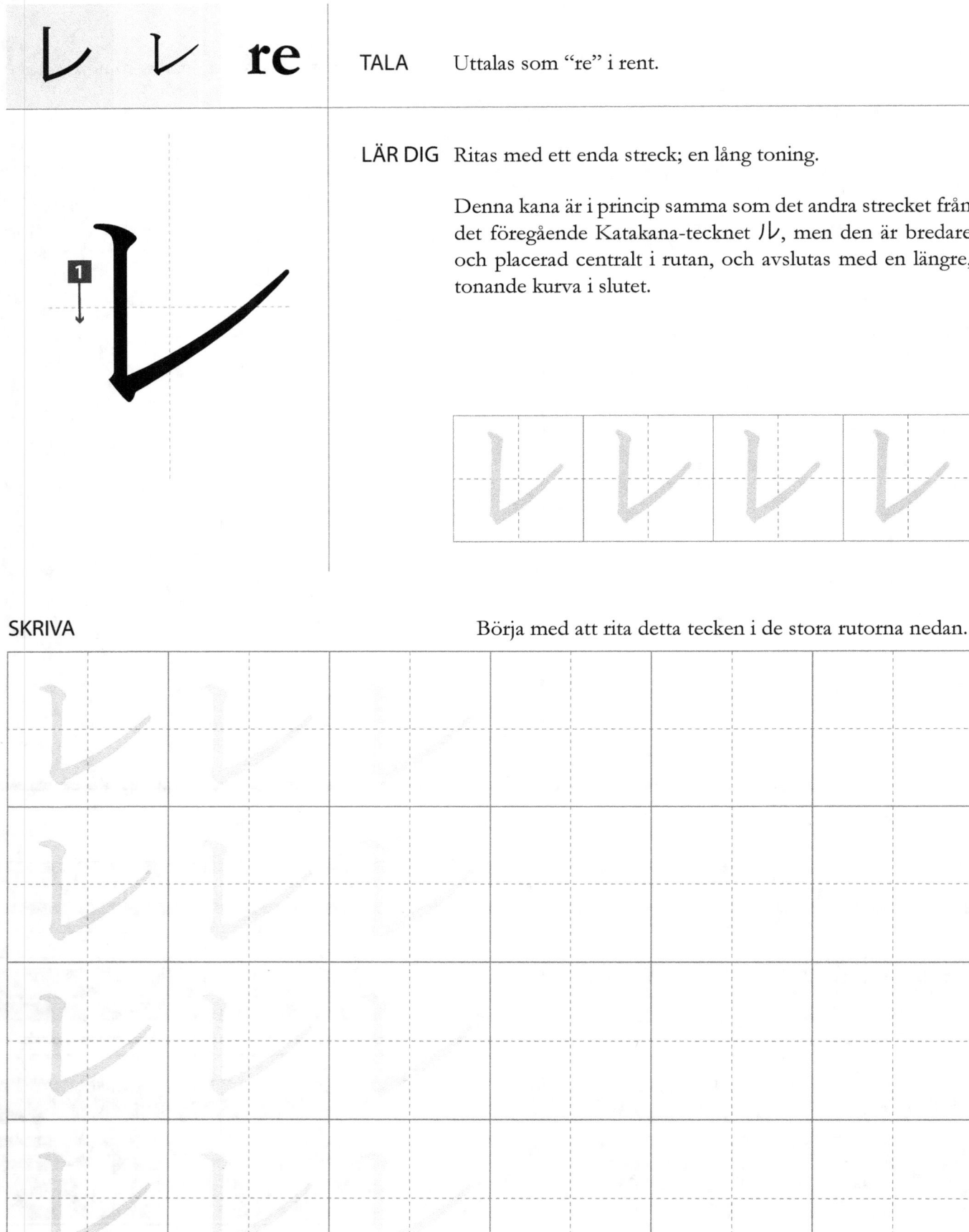

SKRIVA   Börja med att rita detta tecken i de stora rutorna nedan.

ÖVA

Öva nu i dessa uppsättningar av mindre rutor.

口　口　**ro**

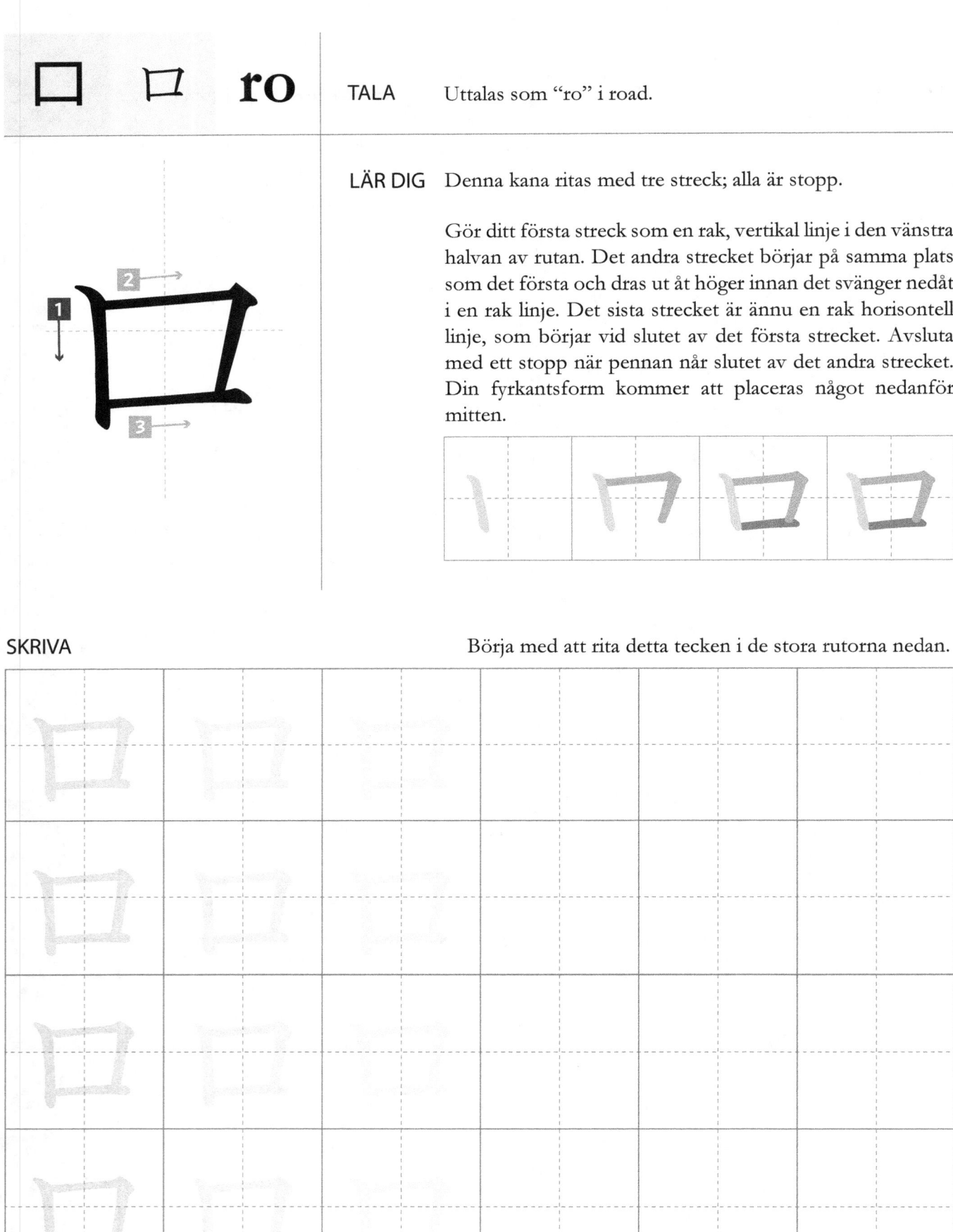

LÄR DIG　Denna kana ritas med tre streck; alla är stopp.

Gör ditt första streck som en rak, vertikal linje i den vänstra halvan av rutan. Det andra strecket börjar på samma plats som det första och dras ut åt höger innan det svänger nedåt i en rak linje. Det sista strecket är ännu en rak horisontell linje, som börjar vid slutet av det första strecket. Avsluta med ett stopp när pennan når slutet av det andra strecket. Din fyrkantsform kommer att placeras något nedanför mitten.

SKRIVA　　　　　　　　　　　　　Börja med att rita detta tecken i de stora rutorna nedan.

ÖVA

ワ ワ **wa**

LÄR DIG Denna kana ritas med två streck; stopp, svep.

För att denna kana inte ska förväxlas med Katakana ク är det viktigt att det första strecket är en rak, vertikal linje. Det andra strecket börjar på samma plats som det första och dras rakt ut åt höger innan det svänger och blir en böjd diagonal linje. Låt detta streck tona ut när det närmar sig botten, nära mitten.

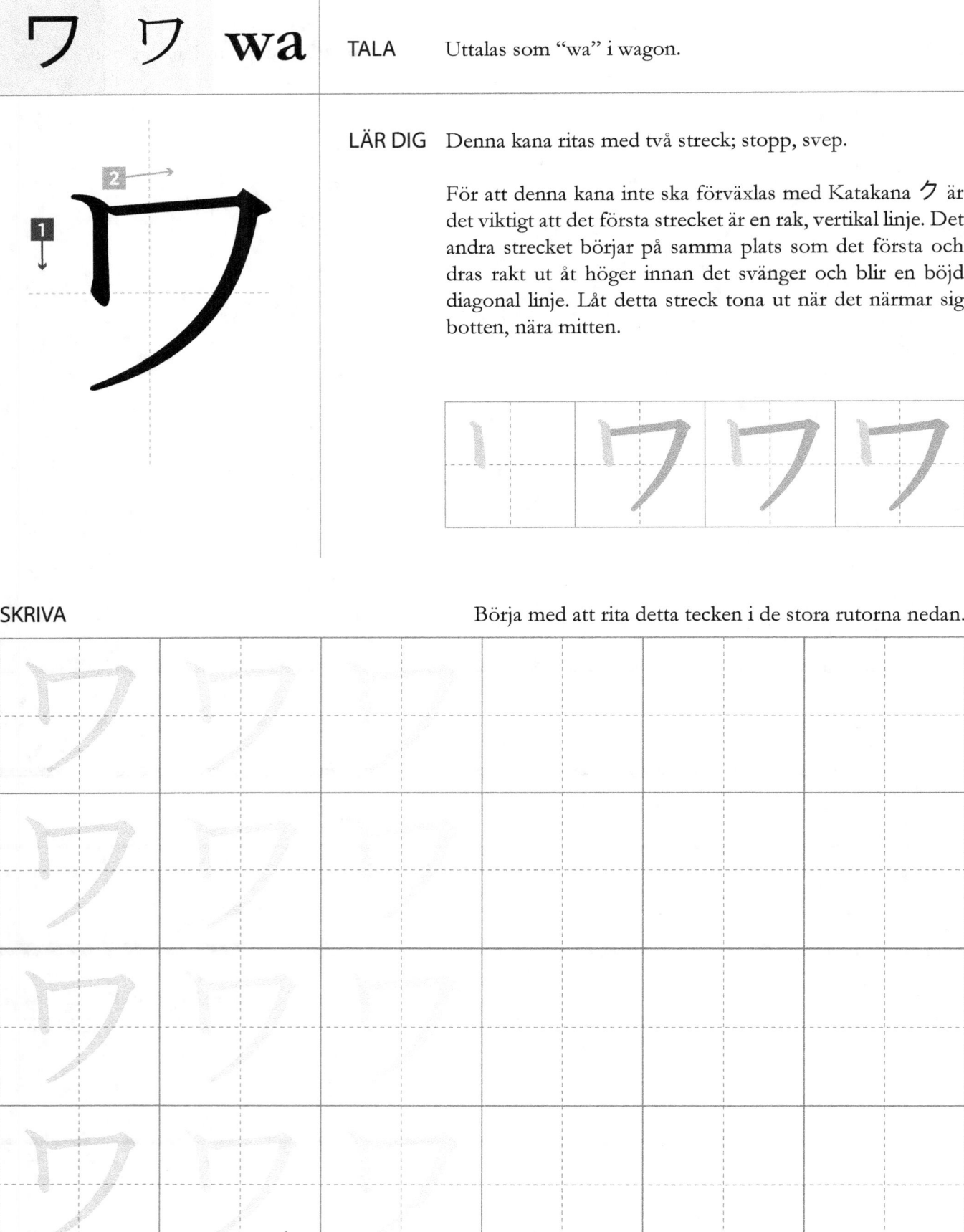

SKRIVA   Börja med att rita detta tecken i de stora rutorna nedan.

Öva nu i dessa uppsättningar av mindre rutor.

 **ヲ ヲ wo***

Uttalas som "o" i woah, med ett tyst "w".

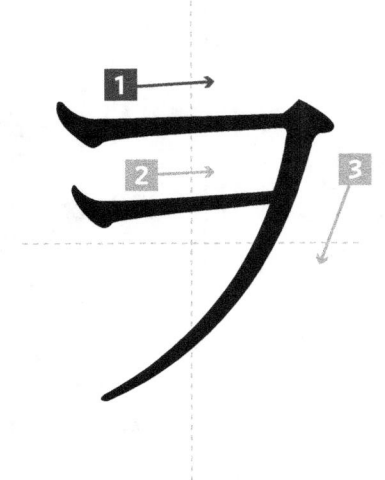

LÄR DIG   Ritas med tre streck; lång toning och två stopp.

Vårt näst sista kana-tecken börjar med två horisontella streck i den övre halvan av rutan. De är parallella linjer, och det andra är något kortare. Det tredje strecket är en lång, svepande kurva som börjar vid slutet av det första strecket. Det ska möta slutet av det andra strecket och tona ut i den nedre vänstra delen av rutan.

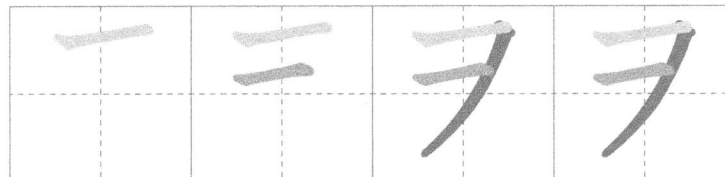

Ovanligt kana, används som

SKRIVA   Börja med att rita detta tecken i de stora rutorna nedan.

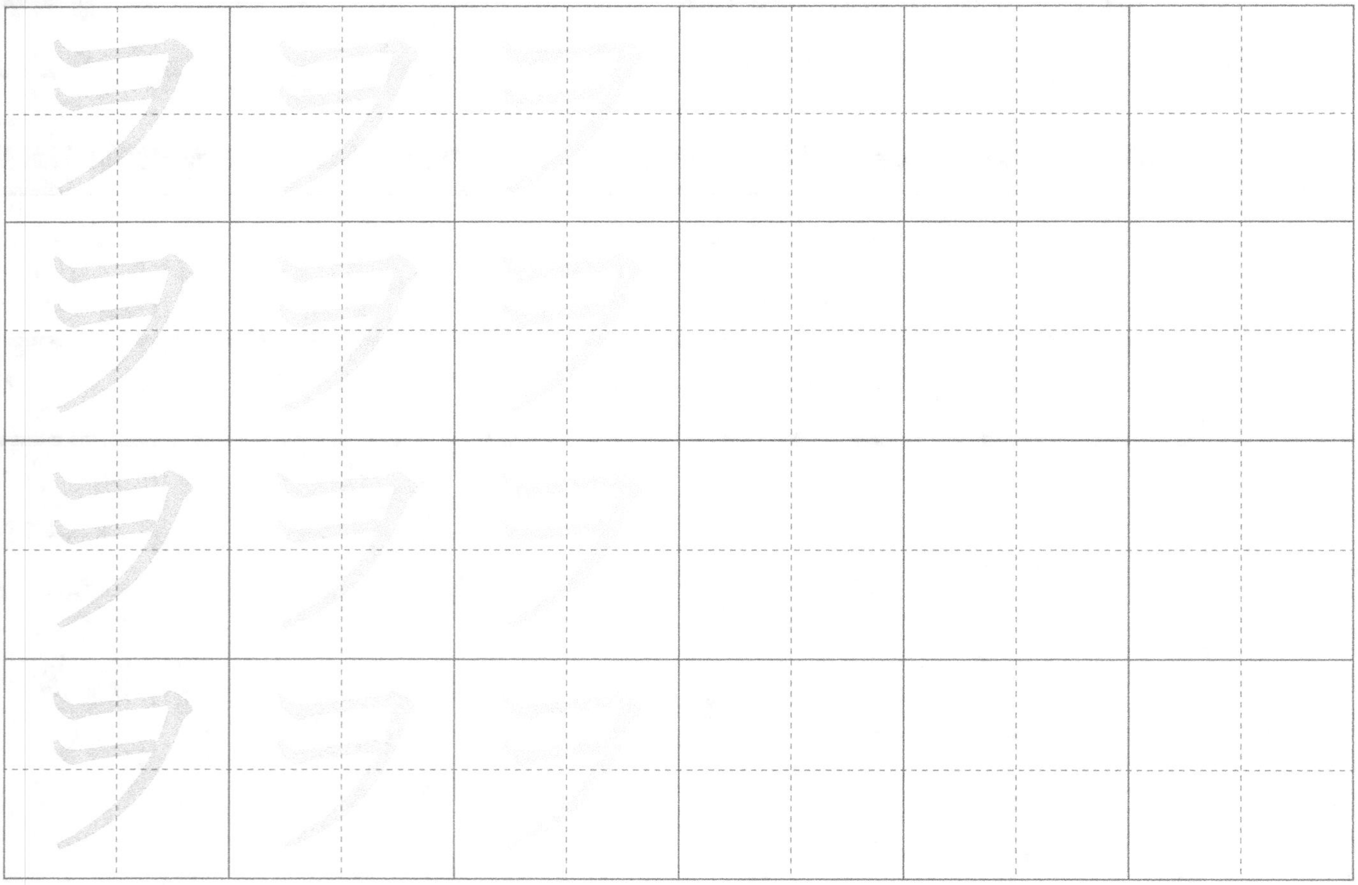

ÖVA

ン ン ン **n**

LÄR DIG   Denna kana ritas med två streck; kort stopp, svep.

Vår sista grundläggande Katakana ン förväxlas lätt med ソ , så det är viktigt att tecknet ritas bredare överlag. Det första strecket är en ganska kort, vinklad linje, nästan vertikal, och avslutas med ett stopp. Det andra strecket är en mer flack, böjd linje som går diagonalt från nedre vänstra hörnet upp till övre högra sidan och avslutas med ett svep.

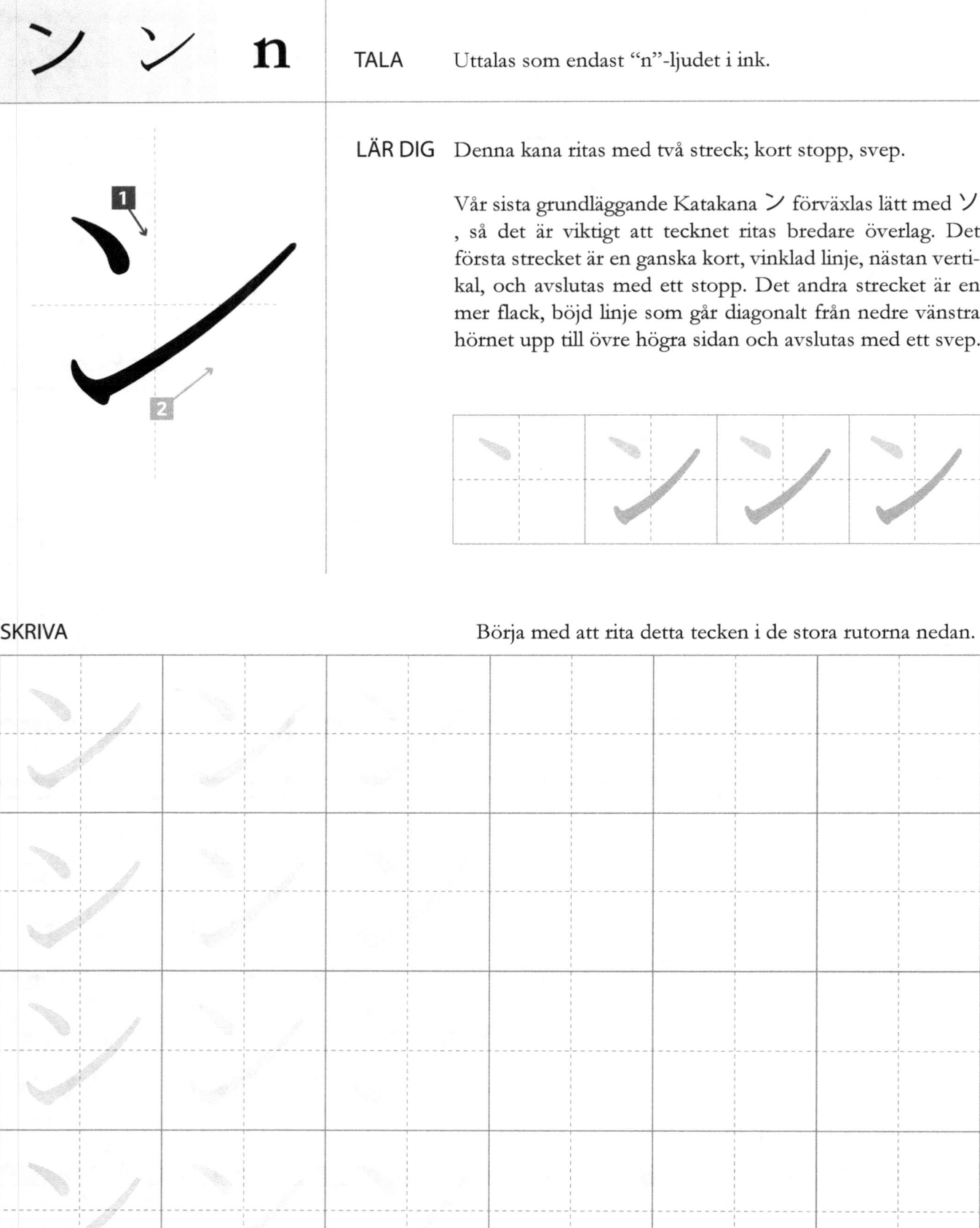

SKRIVA   Börja med att rita detta tecken i de stora rutorna nedan.

Öva nu i dessa uppsättningar av mindre rutor.

GENKOUYOUSHI

RUTPAPPER FÖR
VIDARE ÖVNING

FLASHKORT

FOTOKOPIERA ELLER KLIPP UT OCH SPARA

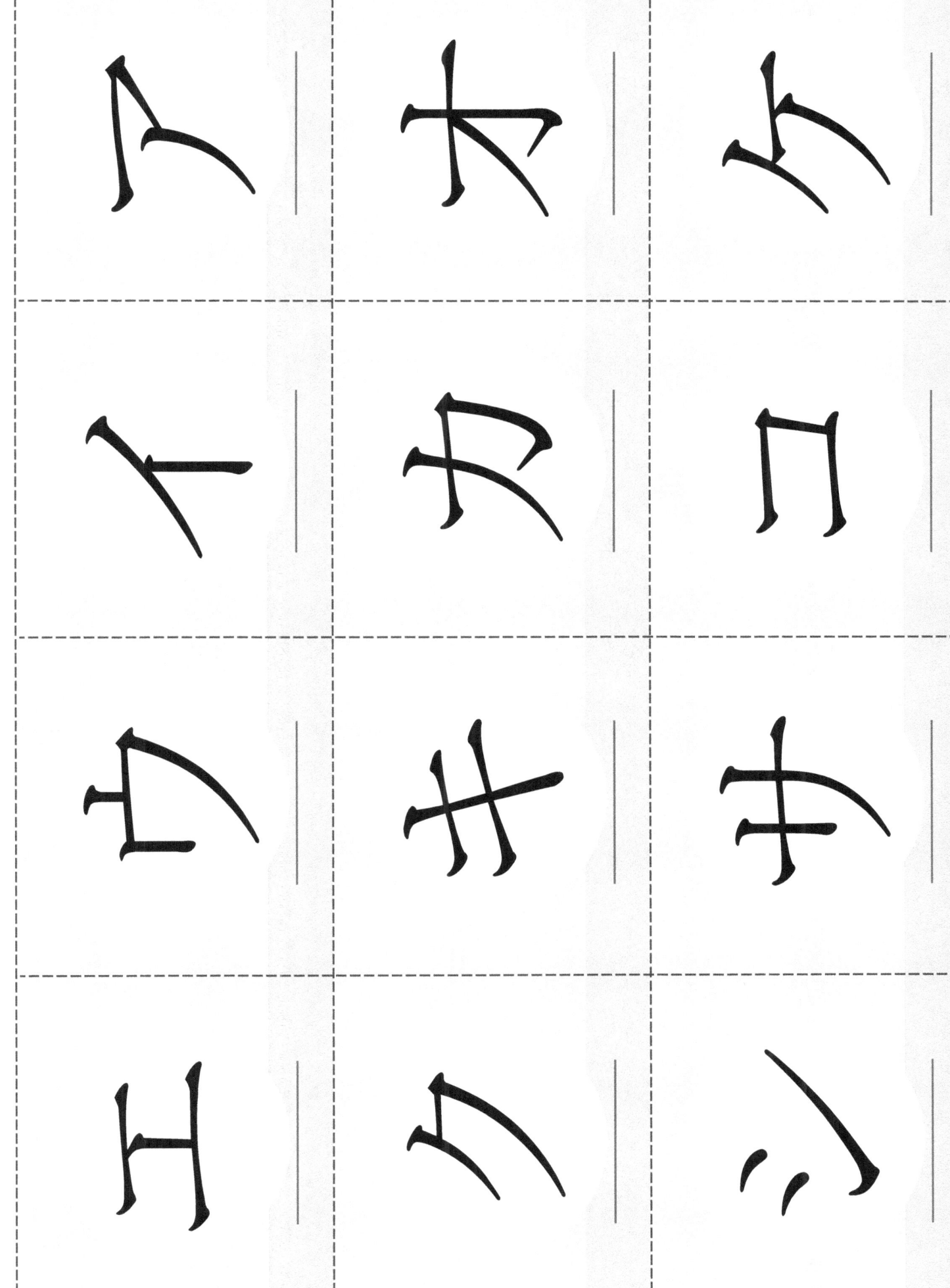

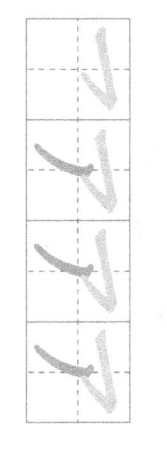

a

Uttalas som 'a' i ordet 'kaka' men lite kortare.

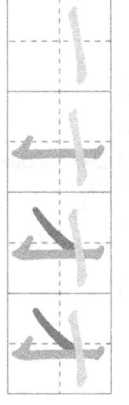

o

Uttalas som 'å' i ordet 'båt'.

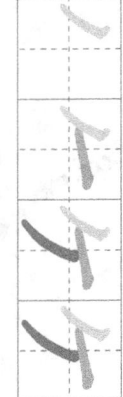

ke

Uttalas som 'ke' i namnet 'Kenneth'.

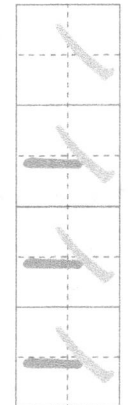

i

Uttalas som 'i' i ordet 'fisk'.

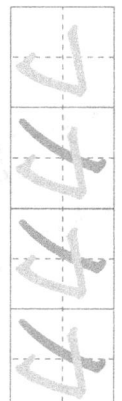

ka

Uttalas som ordet 'ka' – som i 'kaka', men utan 'r'-ljudet.

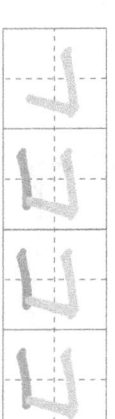

ko

Uttalas som 'ko' i ordet 'komma'.

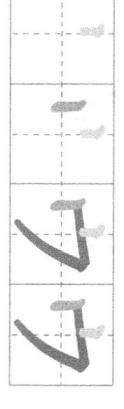

u

Uttalas som 'o' i ordet 'sko'.

ki

Uttalas som 'ki' i ordet 'kilo'.

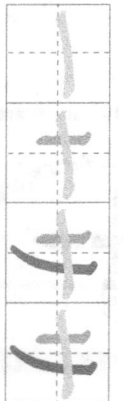

sa

Uttalas som 'sa' i ordet 'sallad'.

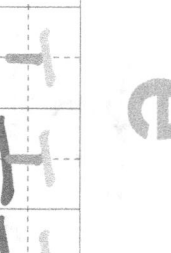

e

Uttalas som 'ä' i ordet 'färg'.

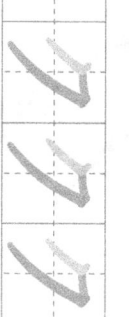

ku

Uttalas som 'ko' i ordet 'kola'.

shi

Uttalas som 'shi' i ordet 'shiny'.

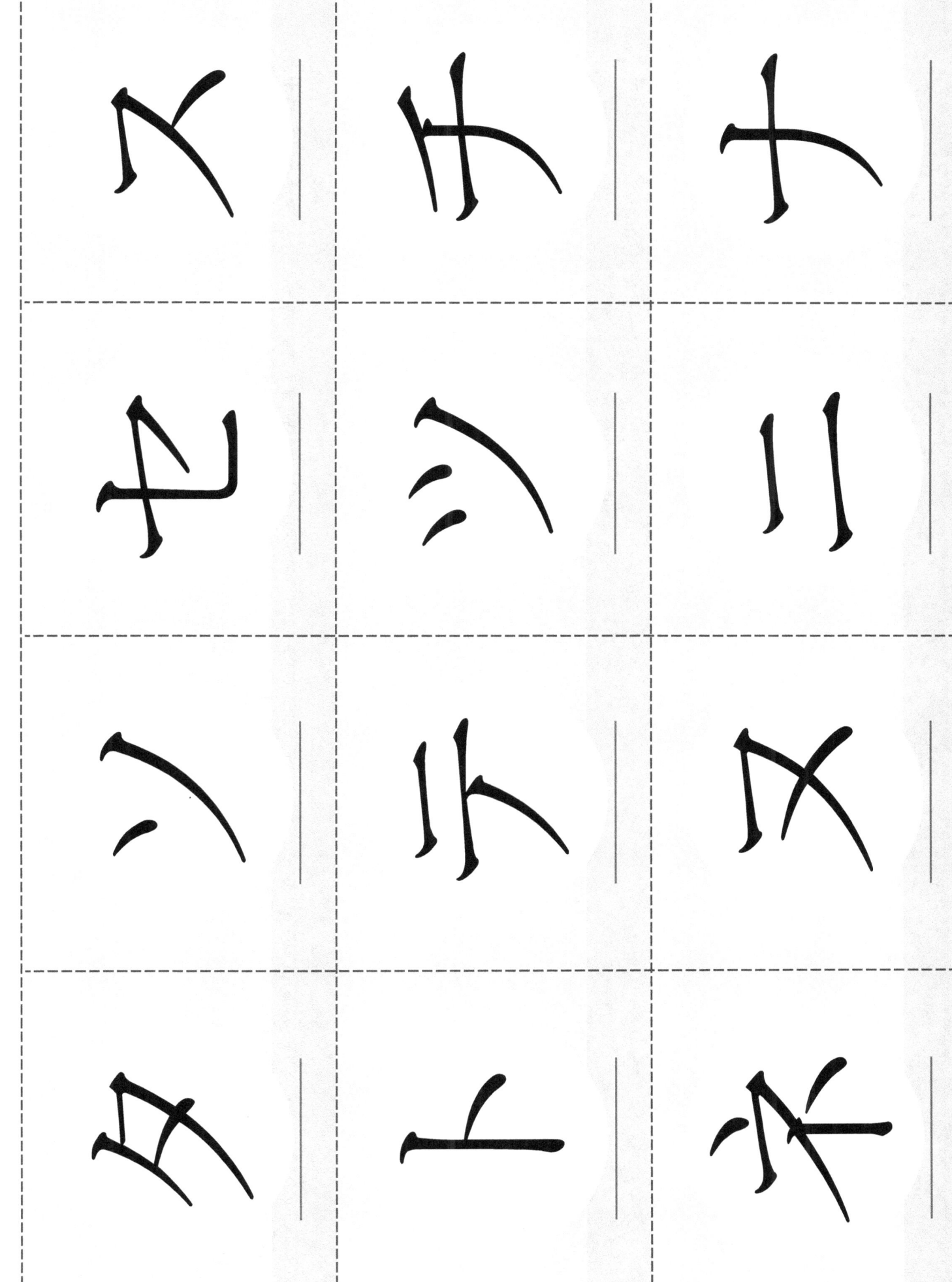

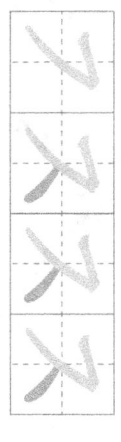

su

Uttalas som 'su' i ordet 'super'.

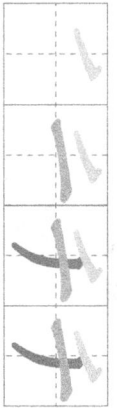

chi

Uttalas som 'chi' i ordet 'chili'.

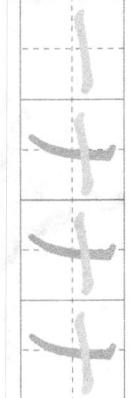

na

Uttalas som 'na' i ordet 'nalle'.

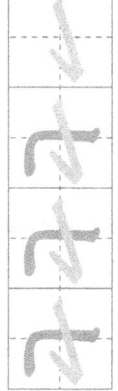

se

Uttalas som 'se' i ordet 'segel', men med mindre 'j'-ljud.

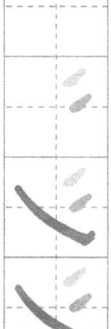

tsu

Uttalas som 'tsu' i ordet 'tsunami', där 't' nästan inte hörs.

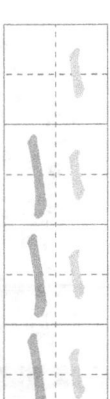

ni

Uttalas som 'ni' i ordet 'nivå', men kortare.

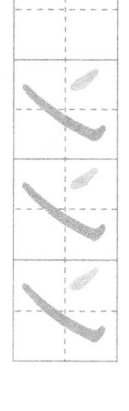

so

Uttalas som 'so' i ordet 'sol'.

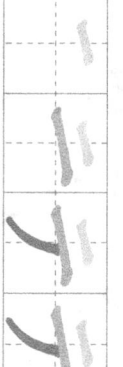

te

Uttalas som 'te' i ordet 'telefon'.

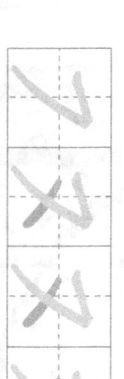

nu

Uttalas som 'no' i ordet 'nolla', men kortare.

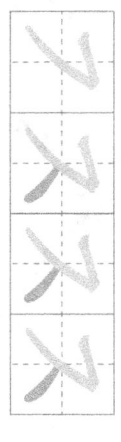

ta

Uttalas som 'ta' i ordet 'tala'.

to

Uttalas som 'to' i ordet 'tomat'.

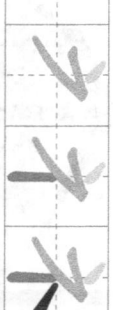

ne

Uttalas som 'no' i ordet 'nolla', men kortare.

no

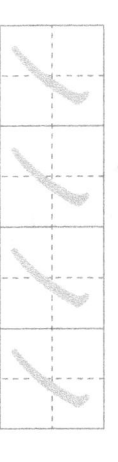

Uttalas som 'no' i ordet 'norr'.

ha

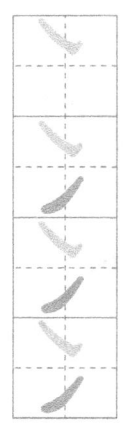

Uttalas som 'ha' när man skrattar, som ha-ha. a.

hi

Uttalas som 'he' i ordet 'helg'.

fu

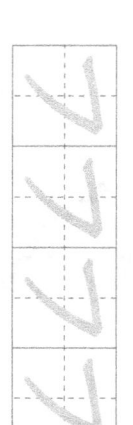

Uttalas som 'ho' i ordet 'hon'.

he

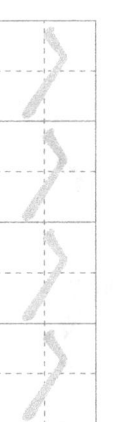

Uttalas som 'he' i namnet 'Helen'.

ho

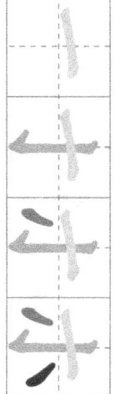

Uttalas som 'ho' i ordet 'hotel'.

ma

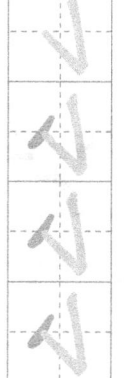

Uttalas som 'ma' i ordet 'marknad'.

mi

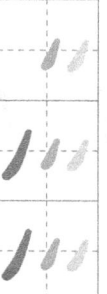

Uttalas precis som 'me'..

mu

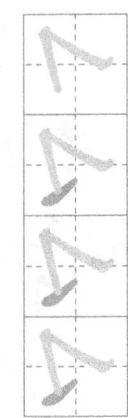

Uttalas som 'mo' i ordet 'morgon'.

me

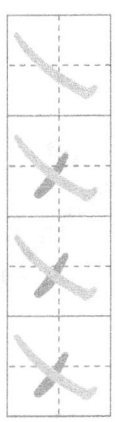

Uttalas som 'me' i ordet 'metall'.

mo

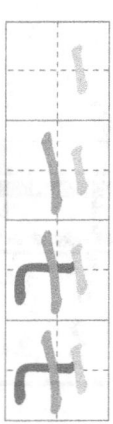

Uttalas som 'mo' i ordet 'morgon'.

ya

Uttalas som 'ja' i ordet 'jakt'.

yu

Uttalas som 'yu' i ordet 'yoga'.

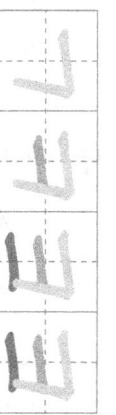

yo

Uttalas som 'yo' i ordet 'yoga'.

ru

Uttalas som 'ru' i ordet 'rull'.

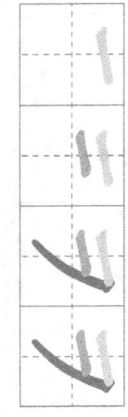

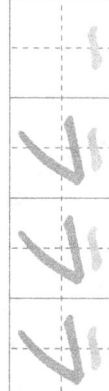

re

Uttalas som 're' i ordet 'resa'.

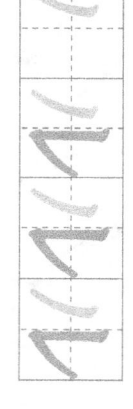

ra

Uttalas som 'ra' i ordet 'råd'.

ri

Uttalas som 'ri' i ordet 'risk'.

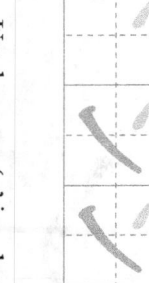

wo

Uttalas som 'ö' i ordet 'olja', där 'w' är tyst.

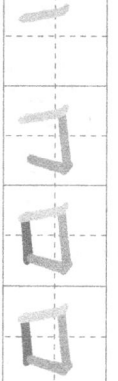

n *

Uttalas som 'n' i ordet 'änk'

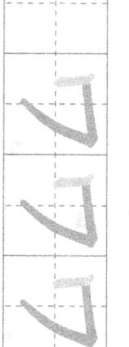

ro

Uttalas som 'ro' i ordet 'ros'.

wa

Uttalas som 'wa' i ordet 'water' (engelskt lånord i svenska) eller 'vagnen' utan g-ljudet).

ありがとう

arigatou

Tack!

Tack för att du valde vår bok!

Du är nu väl på väg att lära dig läsa, skriva och tala japanska, och vi hoppas att du har haft glädje av vår Katakana-övningsbok.

Om du har gillat att lära dig Katakana med oss, skulle vi uppskatta om du berättade om dina framsteg i en recension!

Vi är alltid angelägna om att höra om det finns något vi kan göra för att förbättra våra böcker för framtida studenter. Vi strävar efter att erbjuda det bästa språkinlärningsmaterialet! Tveka inte att kontakta oss via e-post om du har problem med något innehåll i denna bok:

hello@polyscholar.com

POLYSCHOLAR

www.polyscholar.com